Zu diesem Buch

Der Schnelle Brüter Kalkar wird zu Ende gebaut. Eine Wiederaufarbeitungsanlage ist geplant. Der Forschungsminister will sie durchsetzen. Nach über zehn Jahren Protest und Kritik gegen die Kernenergie, nach dem Finanzdesaster der amerikanischen Atomreaktoren und trotz dramatischer Überversorgung mit elektrischem Strom in der Bundesrepublik heute, soll der Einstieg in die Plutonium-Wirtschaft erzwungen werden. Die Wiederaufarbeitung ist ökonomisch unverantwortbar, sie ist ein gefährliches finanzielles Abenteuer. Dies ist die zentrale These des Atommanagers und Industriekritikers Professor Dr. Klaus Traube.

Klaus Traube analysiert die internationale Situation auf dem Uranmarkt und stellt die Anlagekosten der Brüterprogramme denen herkömmlicher Leichtwasserreaktoren gegenüber. Es enthüllt sich ein Finanzdebakel, das keiner rationalen Argumentation standhält: «Eine unvoreingenommene Kosten-Nutzen-Analyse kann beim heutigen Stand der Kenntnis nur zur Empfehlung sofortiger Einstellung führen.»

Klaus Traube beschreibt aber nicht nur die Absurdität der Plutonium-Wirtschaft. Er bilanziert den Zustand unserer Atomwirtschaft: Wenn schon der endgültige Ausstieg aus dieser energiepolitischen Sackgasse unmöglich ist, dann dürfen keine neuen Abenteuer gestartet werden: Verantwortungsvoller Umgang mit der heute in Betrieb befindlichen Atomtechnik bedeutet: Verzicht auf die Brütertechnik, kein Einstieg in die Plutonium-Wirtschaft! Sie ist keine Hochtechnologie, mit der die strukturelle Arbeitslosigkeit oder irgendein anderes wirtschaftliches Problem gelöst werden könnte.

Für die Atomlobby und den Bundesforschungsminister ist das Festhalten an der Durchsetzung der Plutoniumtechnologie zur Prestigefrage geworden. Das zentrale Projekt, der Bau einer Wiederaufarbeitungsanlage, wird längst nicht mehr ökonomisch, sondern wendetechnologisch begründet: «Wir brauchen eine Wiederaufarbeitungsanlage, damit wir die Technologie in diesem Bereich erhalten, erweitern und verbessern» (Forschungsminister Riesenhuber).

Bücher von Klaus Traube bei Rowohlt:

Müssen wir umschalten? Von den politischen Grenzen der Technik, 1978.

Wachstum oder Askese. Zur Kritik der Industrialisierung von Bedürfnissen (4532)

Traube/Ullrich: Billiger Atomstrom? (4947)

Bücher zum Thema bei rororo aktuell:

Arbeitsgruppe ‹Wiederaufarbeitung› (WAA) an der Universität Bremen: Atommüll oder Der Abschied von einem teuren Traum (4117)

Ruske/Teufel: Das sanfte Energie-Handbuch (4947)

Klaus Traube

Plutonium-Wirtschaft?

Das Finanzdebakel von Brutreaktor
und Wiederaufarbeitung

Rowohlt

rororo aktuell – Herausgegeben von Freimut Duve

Originalausgabe

Redaktion Martin Rethmeier

Veröffentlicht im Rowohlt Taschenbuch Verlag GmbH,
Reinbek bei Hamburg, Oktober 1984
Copyright © 1984 by Rowohlt Taschenbuch Verlag GmbH,
Reinbek bei Hamburg
Alle Rechte vorbehalten
Umschlagentwurf Werner Rebhuhn
(Foto: Modell WA 350/Dragahn der Deutschen
Gesellschaft für Wiederaufarbeitung von
Kernbrennstoffen mbH)
Satz Times (Lasercomp), LibroSatz, Kriftel
Gesamtherstellung Clausen & Bosse, Leck
Printed in Germany
880-ISBN 3 499 15444 7

Inhalt

Zur Lage

Seit die öffentliche Aufmerksamkeit sich wieder der lange Zeit fast verdrängten, säkularen Zerstörungskraft der Atomsprengköpfe zugewendet hat, ist es in der Bundesrepublik ruhig geworden um die Atomkraftwerke. Ohne viel Aufsehen werden die – größtenteils schon seit Mitte der siebziger Jahre – im Bau befindlichen Atomkraftwerke fertiggestellt. Neue Kernkraftwerksprojekte stehen nicht an. Bis zur politischen Wende hatten zwar die Führung der Wirtschaft und die CDU den Sozialliberalen beständig eine Verzögerung des Ausbaus der Kernenergie und damit Untergrabung der internationalen Wettbewerbsfähigkeit der deutschen Industrie vorgeworfen. Seit aber die Wende alle Hindernisse aus dem Weg geräumt hat, fand sich kein Interessent für den Bau eines Kernkraftwerks. Vielmehr revidierte die Elektrizitätswirtschaft ihre Planzahlen: bis zum Jahr 2000 werde sie 30 000 MW an Kernkraftwerksleistung benötigen, d. h. nur fünf Kernkraftwerke mehr, als ohnehin in Betrieb und im Bau sind.

Das akute Problem:
Die deutsche Wiederaufarbeitungsanlage

Der drängende Wille zur Kernenergie stieße ganz und gar ins Leere, gälte es nicht, den Bau der Wiederaufarbeitungsanlage (WAA) durchzusetzen. Da die ursprünglich mit der Wiederaufarbeitung betreute chemische Industrie lediglich eine kleine Pilotanlage in Karlsruhe zuwege gebracht hatte, forderte der Staat vor nunmehr einem Jahrzehnt die Elektrizitätswirtschaft energisch auf, den Bau einer Anlage im industriellen Maßstab zügig zu verwirklichen und stellte ihr seitdem für Forschung und Entwicklung großzügige Finanzmittel (jährlich weit über 100 Millionen DM) sowie die Kapazität des Karlsruher Kernforschungszentrums zur Verfügung. 1975 gründete die Elektrizitätswirtschaft die Deutsche Gesellschaft für Wiederaufarbeitung von

Kernbrennstoffen (DWK, anfangs PWK). Gestützt auf die unter der Ägide der Chemie aufgebaute industrielle Ingenieurskapazität und auf die Karlsruher Forschungskapazität verkündete das neue Unternehmen im gleichen Jahr anläßlich eines Statusberichtes[1] die Absicht, eine Anlage zur Wiederaufarbeitung von jährlich 1500 Tonnen Brennelementen zu bauen, deren Kosten auf 1,5–2 Milliarden DM geschätzt wurden.[2] Als es 1979 so weit sein sollte, versagte Ministerpräsident Albrecht die Genehmigung zum Bau in Gorleben, weil das Projekt angesichts massiver Proteste politisch nicht durchsetzbar war.

Nach dieser Krise beschlossen die Regierungschefs von Bund und Ländern im September 1979 «Grundsätze der Entsorgungsvorsorge für Kernkraftwerke». Diese sahen erstmalig Untersuchungen zur «direkten Endlagerung» der abgebrannten Brennelemente als Alternative zur Wiederaufarbeitung vor. Gleichzeitig sollte ein neuer Standort für eine Wiederaufarbeitungsanlage gesucht werden, deren Kapazität in der Folge auf ein Viertel der ursprünglich geplanten reduziert wurde: 350 Tonnen pro Jahr (t/a) Uran soll sie aufarbeiten. Mitte der achtziger Jahre sollte nach dem Beschluß der Regierungschefs eine Wahl zwischen den Alternativen Wiederaufarbeitung und direkte Endlagerung getroffen werden.*

Die Alternative «direkte Endlagerung» wurde seitdem unter Federführung des Karlsruher Kernforschungszentrums mit nur mäßigem Aufwand (insgesamt 60 Millionen DM) untersucht und war einer breiteren Öffentlichkeit bis zum vergangenen Jahr kaum bekannt.

Die Kernenergie-Gemeinde setzte geschlossen auf die Wiederaufarbeitung. Sachkundige Kritiker traten hingegen für die direkte Endlagerung ein, um die «Plutonium-Wirtschaft» zu verhindern: das Ziel der Wiederaufarbeitung (französisch «Usine de Plutonium», Plutoniumfabrik) ist es ja, das bei der Bestrahlung der Brennelemente im Kernkraftwerk entstehende Plutonium in handhabbarer Form zu gewinnen.

Nachdem nunmehr, 9 Jahre nach Gründung der DWK und 5 Jahre nach dem Beschluß der Regierungschefs, endlich die Realisierung der 350 t/a-WAA in greifbare Nähe gerückt ist, bietet sich der deutschen Öffentlichkeit neuerdings ein ungewohntes Schauspiel: unter den Anhängern der Kernenergie treten «Dissidenten» gegen den Bau der WAA und für die von den Atomkritikern favorisierte direkte Endlagerung ein. Ihr Motiv ist wirtschaftlicher Natur: Die Schätzungen für die Baukosten der WAA wuchsen von 1,5–2 Milliarden DM im Jahre

* Unabhängig von diesen Alternativen wurde und wird das Ziel verfolgt, entweder die Brennelemente direkt oder den Abfall der Wiederaufarbeitung, jeweils nach entsprechender «Konditionierung», im Gorlebener Satzstock endzulagern.

1975 auf neuerdings etwa 10 Milliarden DM an – trotz Reduktion der Kapazität auf ein Viertel. Damit wächst sich die Wiederaufarbeitung zu einer erheblichen Belastung der Kosten des Atomstroms aus. Seit Anfang dieses Jahres wird auch offiziell zugegeben, daß die direkte Endlagerung kostengünstiger ist.

Erstmalig berichtete der SPIEGEL am 18. 7. 83 über die Bildung von Fraktionen unter den großen Stromversorgern, die als Kernkraftwerksbetreiber Anteilseigner der DWK sind. Ausführlich befaßte sich insbesondere das Manager-Magazin (1/84) mit der unwilligen Haltung eines Teils der DWK-Gesellschafter. Während diese selbst in der Öffentlichkeit nicht Stellung nahmen, wurden kritische Stimmen aus der CDU-Atomfront laut. So riet der wirtschaftspolitische Sprecher der Hamburger CDU, von Rohr, in der ZEIT, die WAA, ein «finanzielles Abenteuer unübersehbaren Ausmaßes», fallenzulassen. Die Sozialdemokraten erteilten der WAA im Mai dieses Jahres auf dem Essener Parteitag eine endgültige Absage.

Dieser SPD-Beschluß veranlaßte tags darauf das Vorstandsmitglied des Karlsruher Kernforschungszentrums, Hennies, bei der Eröffnung der Jahrestagung «Kerntechnik 84» zu der Mahnung, die Realisierung der WAA sei «im Hinblick auf die Glaubwürdigkeit der immer wieder vertretenen These der Baubarkeit von Wiederaufarbeitungsanlagen außerordentlich wichtig». Gleichzeitig bekräftigte das Bonner Innenministerium, die Bundesregierung sei entschlossen, die «zügige Verwirklichung einer deutschen Wiederaufarbeitungsanlage» durchzusetzen.

Während die Protestbewegung gegen Atomenergie eher erlahmt zu sein scheint, formiert sich also eine bis in die eigenen Reihen hineinreichende Front gegen die WAA, wie es sie bisher bei Atom-Großprojekten in der Bundesrepublik noch nicht gegeben hat. Der «harte Kern» des Atom-Establishments reagiert trotzig. Verlangt die von Hennies berufene «Glaubwürdigkeit», daß an die 10 Milliarden DM für die teuerste Baustelle in der Bundesrepublik von den Bürgern aufgebracht werden müssen – zur Abwechslung nicht in ihrer Eigenschaft als Steuerzahler, sondern als Stromverbraucher?

Ungewöhnlich ist die Durchsetzung kostspieliger Großprojekte aus Gründen der «Glaubwürdigkeit» nicht. Ging es bei der Durchsetzung der Startbahn West oder des Main-Donau-Kanals am Ende noch um anderes als «Glaubwürdigkeit», das Festhalten an einstigen Erklärungen zur wirtschaftlichen Notwendigkeit? Was hatte den letzten sozialdemokratischen Forschungsminister von Bülow veranlaßt, solange er Kabinettsmitglied war, am Weiterbau des von «Kostenexplosionen» erschütterten Brüters in Kalkar festzuhalten, wo er doch tags nach der verlorenen Bundestagswahl im SPIEGEL bekannte: «Der Brüter hat keine Chance»?

Der politische Symbolwert von Großprojekten, die einmal verheißungsvoll als zukunftweisend gepriesen wurden, ist ein recht stabiler Garant ihrer Realisierung, auch wenn sie ökonomisch zukunftslos geworden sind. Die Concorde ist das klassische, Schwarz-Schillings Verkabelung das jüngste Beispiel dafür.

Der Symbolwert der Wiederaufarbeitung aber stellt den anderer Großprojekte in den Schatten. Denn die Wiederaufarbeitung – die Gewinnung des Spaltstoffs Plutonium – ist eine unabdingbare technische Voraussetzung für den künftigen Einsatz von Brutreaktoren (Brütern) an Stelle der bisher zur Stromerzeugung genutzten Leichtwasserreaktoren. Brüter sollen aus dem natürlichen Uran – mittels der Umwandlung des nicht spaltbaren Uranisotops U-238 in spaltbares Plutonium – etwa 50 mal mehr Energie gewinnen als dies die Leichtwasserreaktoren können. Von Beginn der atomtechnischen Entwicklung an schien es außer Frage zu stehen, daß Atomenergie längerfristig nur durch Brüter erzeugt werden wird; Wiederaufarbeitung von Kernbrennstoffen erschien daher als eine Selbstverständlichkeit. Die Plutonium-Wirtschaft, das Gespann Brüter–Wiederaufarbeitung, war die Basis der Verheißung unerschöpflicher Atomenergie, jener Verheißung des «Atomzeitalters», das im Godesberger Programm der SPD von 1959 gefeiert wurde als «die Hoffnung unserer Zeit, daß der Mensch im atomaren Zeitalter sein Leben erleichtern, von Sorgen befreien und Wohlstand für alle schaffen kann».

Plutonium, der unheilvolle Bombenstoff als Erlösungsutopie – das war in den fünfziger Jahren die Verheißung der internationalen Science Community, die so den Makel der Atombombe tilgen wollte und sich wieder als Hoffnungsträger inthronisierte. Diese – im Rückblick nur mehr komisch erscheinende – Erlösungsutopie legitimierte die beispiellose Anstrengung zur Schaffung der großen – staatlichen und privatwirtschaftlichen – Kerntechnik-Organisationen, deren Selbstverständnis nun die Erfüllung der einst gestellten Aufgaben verlangt. Es käme einer Absage an die Brüter-Plutonium-Wirtschaft, die Zukunftsperspektive der Kernenergie, gleich, würde jetzt die Wiederaufarbeitungsanlage nicht gebaut, die nach fast einem Jahrzehnt Planung endlich «baureif» ist.

Brüter: Ruhe nach dem Sturm

Freilich macht der Bau der deutschen WAA keinen Sinn ohne die Perspektive des Übergangs von Leichtwasserreaktoren (LWR) zu Brütern. Konkretes zu dieser Perspektive ist allerdings seit geraumer Zeit nicht mehr zu hören. Zwar finanzierte das Bundesforschungsministerium mit 5 Millionen DM auch im vergangenen Jahr weiterhin die Planung eines Brüters großer Leistung als Nachfolger des kleinen Prototyps in Kalkar. Aber angesichts des kaum verklungenen Echos der «Kostenexplosionen» in Kalkar besteht vorläufig wohl kaum Interesse an Publizität für den nächsten Brüter. So dementierte denn auch das RWE heftig, als die Presse kürzlich von Kontakten zur niedersächsischen Landesregierung wegen eines Standorts für den geplanten Nachfolgebrüter berichtete, der 15 Milliarden DM kosten solle[3].

Die Pläne für den Bau eines Brüters der Leistungsklasse kommerzieller Kernkraftwerke (1300 MW) sind aber keineswegs aufgegeben worden, sondern lediglich bis zur Fertigstellung des 300 MW-Brüters in Kalkar zurückgestellt. Ginge es nach dem Willen der vornehmlich im RWE, im Karlsruher Zentrum, in der Kraftwerk Union und im Bonner Forschungsministerium ansässigen deutschen Brütergemeinde, so begänne gegen Ende dieses Jahrzehnts in der Bundesrepublik – mit internationaler Beteiligung – der Bau eines 1300-MW-Brüters, der bis zum Jahr 2000 den Betrieb aufnehmen könnte. Im Gegensatz zum Bau in Kalkar würde er vom Stromverbraucher an Stelle des Steuerzahlers finanziert.

Die Bundesrepublik sekundierte diesen Plänen mit dem Abschluß einer Regierungsvereinbarung vom 10. 1. 84, die Großbritannien in die seit 1976 bestehende deutsch-französische Brüterkooperation einbezieht, in die zudem die deutschen Partner Belgien und Holland sowie der französische Partner Italien eingebunden sind. Forschungsminister Riesenhuber stellte dazu gegenüber der Frankfurter Rundschau klar:

«Unser Ziel ist eindeutig, daß die Nachfolgeprojekte für den Schnellen Brüter in Kalkar nur mit internationaler Beteiligung gebaut und betrieben werden. Eine eigene nationale Brüterentwicklung findet nicht statt.»[4]

Vor knapp 20 Jahren fiel in der Bundesrepublik die Entscheidung für eine nationale Brüterentwicklung – auf der Grundlage einer Studie des Kernforschungszentrums Karlsruhe, die für das Jahr 2000 in der Bundesrepublik eine in Brüterkraftwerken installierte Kapazität von 80 000 MW vorsah[5]. Das ist mehr als die heutige Gesamtkapazität der öffentlichen Elektrizitätswirtschaft und fast dreimal so viel, wie die Elektrizitätswirtschaft derzeit an Kernkraftwerken für das Jahr 2000 plant – selbstredend nicht als Brüter, sondern als Leichtwasserreaktoren. Die mit solchen abstrusen Perspektiven verbundene nationale Brüterentscheidung zog 1972 den Beschluß zum Bau des Brüterkraftwerks in Kalkar nach sich. Damals wechselte ich meine Stellung. Die Leichtwasserreaktoren – mein bisheriges Tätigkeitsfeld – hatten scheinbar den wirtschaftlichen «Durchbruch» erzielt. Nunmehr schien es darum zu gehen, die Brüter zur wirtschaftlichen Reife zu entwickeln. So erschien es mir eine verlockende Aufgabe, als Geschäftsführer der INTERATOM und der deutsch-holländisch-belgischen «Internationalen Natriumbrüter Gesellschaft» (INB) die Leitung der industriellen Brüterentwicklung in den drei kooperierenden Ländern und damit auch die Leitung des Baus des Brüterkraftwerks in Kalkar zu übernehmen.

Damals, 1972, schien die Phase der grundsätzlichen Erprobung der Brüter-Technologie bereits abgeschlossen und der wirtschaftliche «Durchbruch» der Brüter als Stromerzeuger kaum mehr ein Jahrzehnt entfernt zu sein. In den sechs größten Industrieländern – USA, Sowjetunion, Japan, England, Frankreich und der Bundesrepublik – waren große industrielle Organisationen und staatliche Forschungszentren aufgebaut worden, die die Brüterentwicklung mit einem Aufwand an Menschen und Kosten betrieben, wie er bis dahin noch keiner anderen zivilen Technik zuteil geworden war. Zehn kleinere Brutreaktoren – teils stromerzeugende Kraftwerke – waren bereits fertiggestellt und in Betrieb genommen worden.

In der Sowjetunion, in England und in Frankreich standen jeweils ein Brüter-Kraftwerk in der Größe des in Kalkar geplanten (um 300 MW elektrische Leistung) kurz vor der Vollendung. Die Sowjetunion baute sogar bereits ein 600 MW-Kraftwerk als Prototyp einer Serie, mit der sie in den achtziger Jahren die wirtschaftliche Nutzung der Brüter im großen Stil einleiten wollte. Engländer und Franzosen hatten den Beginn des Baus eines serienreifen Groß-Kraftwerks von über 1000 MW elektrischer Leistung für Mitte der siebziger Jahre angekündigt; das in England geplante Kraftwerk firmierte bezeichnenderweise als «Commercial Fast Breeder». Die USA, Japan und die Bundesrepublik galten als Nachzügler, die sich beeilen mußten, um im Wettlauf um die Brütertechnologie den Anschluß nicht zu verlieren. Alle drei Staaten planten damals, 1972, in Kürze mit dem Bau je eines Brüter-Kraftwerks der 300-MW-Klasse zu beginnen.

Diese internationale Brüterbetriebsamkeit erscheint heute, 12 Jahre später, wie ein verflogener Spuk. Außer dem Bau in Kalkar – der ursprünglich 1979 beendet sein sollte – ist nur das französische Brüterprojekt realisiert worden: der Bau des 1200-MW-Brüterkraftwerks «Superphenix» wurde unter deutscher und italienischer Beteiligung 1976 begonnen und soll 1985 beendet sein. Nach zehnjähriger Verzögerung fiel zudem im Juni 1983 schließlich in Japan unter der Ägide des neuen starken Mannes Nakasone der Beschluß zum Bau des 300-MW-Brüters. Dagegen erlitt Präsident Reagan mit dem Plan der Wiederbelebung des amerikanischen Brüter-Prototyps Schiffbruch, weil die Elektrizitätswirtschaft nicht mitspielte: nach zehnjährigem Tauziehen beendete der Senat das Projekt im Oktober 1983 endgültig. Die britische Regierung begrub die Pläne für den «Commercial Fast Breeder» im November 1982. Die Sowjetunion hat nie mehr Pläne zum Bau eines Nachfolgers für das 1980 – mit großer Verzögerung – fertiggestellte «kommerzielle» 600-MW-Brüterkraftwerk bekanntgegeben.

Was sind die Ursachen dieses weltweiten Verfalls der Brüterentwicklung? Der britische Energieminister Nigel Lawson begründete dem Parlament am 29. 11. 82 die Aufgabe des Brüterprojekts damit, Brüter würden «nicht vor Anfang des nächsten Jahrhunderts» benötigt. Forschungsminister Riesenhuber erklärte der Frankfurter Rundschau:

«Brutreaktoren werden aufgrund der weltweit langsameren wirtschaftlichen Entwicklung nicht so früh gebraucht, wie bei Beginn der Brüterentwicklung angenommen worden ist ... Die erforderlichen Entwicklungsschritte können mit geringerem Zeitdruck, also verteilt auf einen größeren Zeitraum, durchgeführt werden. Dies trifft für alle Länder mit einem eigenen Brüterprogramm zu.»[6]

Solche Aussagen sind typisch. Die Atomgemeinde erklärt die – als Verlangsamung interpretierte – Brütermisere mit dem hinter einstigen Erwartungen zurückgebliebenen Wachstum der Wirtschaft und mithin des Stromverbrauchs. Gründe, die in der Kerntechnik selbst liegen, kommen in den Erklärungen nicht vor. Die Zukunft des Brüters steht nicht in Frage, sie ist lediglich verschoben. Vorsorglich setzte Riesenhuber der Erklärung, Brüter würden «nicht so früh gebraucht», hinzu:

«Das Entwicklungspotential des Brüters und seine Bedeutung für eine umweltfreundliche und sichere Energieversorgung auch der Bundesrepublik Deutschland ist davon unberührt.»

Begründungsnotstand

Das prinzipielle Festhalten am «Entwicklungspotential» des Brüters kann zur Begründung des Baus der Wiederaufarbeitungsanlage hier und jetzt dienen, allerdings nur, wenn man nicht nach dem Zeithorizont für die wirtschaftliche Einführung des Brüters fragt. Dieser Frage geht die Brütergemeinde seit geraumer Zeit – aus gutem Grund, wie wir zeigen werden – mit Antworten der Art «erst nach dem Jahr 2000»[7] aus dem Weg. Diese Angabe läßt zwar alles offen, könnte aber auch als «bald nach dem Jahr 2000» interpretiert werden, also etwa im Anschluß an die Fertigstellung des Nachfolgers für den Kalkar-Brüter.

Aber selbst wenn – was kaum jemand noch ernsthaft vertritt – ab dem Jahr 2000 in Deutschland mit dem Bau von Serienbrütern begonnen würde, deren erster nach Fertigstellung um das Jahr 2010 mit Plutoniumbrennstoff beschickt werden müßte, so bliebe zu fragen, wozu denn *jetzt* bereits eine deutsche WAA gebaut werden muß.* So wußte denn Riesenhuber – im zitierten Interview – zur Begründung der auch von ihm wiederholten, stereotypen Forderung, die WAA solle «so zügig wie möglich errichtet werden», lediglich zu sagen:

«Wir brauchen eine Wiederaufarbeitungsanlage, damit wir die Technologie in diesem Bereich erhalten, erweitern und verbessern.»

Mit dieser Begründung wird dem Bau der WAA gleichsam eine Funktion im Rahmen eines Plutonium-Technologie-Entwicklungsprogramms zugewiesen, das auf eine – zeitlich freilich unbestimmte – Brüter-Zukunft zielt. Der Verweis auf die Technologie – angesichts der Renaissance technologischer Zukunftsverheißungen ohnehin ein Zauberwort – gehört zum Repertoire der Begründungen für den Bau der WAA, seit die Alternative der direkten Endlagerung sich herumgesprochen hat und daher die Wiederaufarbeitung nicht länger schlicht als notwendig zur Entsorgung der Kernkraftwerke deklariert werden kann, wie das bis zum vergangenen Jahr durchaus üblich war.

Während der recht präzise argumentierende Forschungsminister den Bau der WAA nur im Blick auf die Brüter-Zukunft begründet, bieten andere auch weiterhin Begründungen an, die sich auf das existierende Leichtwasserreaktor-System beziehen: die direkte Endlagerung sei nicht anwendungsreif, zudem könne die Wiederaufarbeitung eines Tages doch wirtschaftlich werden, sie böte sicherheitstechnische

---

* Zur Beschaffung des Plutoniums für den Brüter in Kalkar und auch für einen evtl. Nachfolger bedarf es keiner deutschen WAA, denn die Bundesrepublik verfügt über das Plutonium, das bei der bereits vereinbarten Wiederaufarbeitung von ca. 2800 t deutscher Brennelemente in Frankreich und 760 t in England gewonnen wird.[8]

Vorteile, das Atomgesetz verlange sie und man wolle doch keine Wegwerf- sondern eine Recycling-Wirtschaft.

Der einigermaßen Informierte merkt zwar bald, daß hier inzwischen aus der Defensive heraus argumentiert wird. Aber auch der Bezug des Baus der WAA zum Brüter wirkt nicht überzeugend, sobald man nach der zeitlichen Perspektive des Einsatzes von Brütern fragt, selbst wenn man am Brüter nicht grundsätzlich zweifelt. Offensichtlich müssen Argumente zusammengesucht werden, um die symbolträchtige WAA durchzusetzen. Ist sie erst einmal im Bau, so muß wohl auch der Kalkar-Nachfolger her, koste er was er wolle, denn dann stehen wieder Glaubwürdigkeit und Weiterbeschäftigung auf dem Spiel. Nicht Sachzwänge, wohl aber Personenzwänge sind das Wesen der Eigendynamik der Plutonium-Wirtschaft.

Ginge es um eine rationale Entscheidung, so wäre offenbar zu prüfen, in welchem Zeitrahmen – oder ob überhaupt – die Plutonium-Wirtschaft, also das System Brüter-Wiederaufarbeitung, Aussichten auf wirtschaftlichen Erfolg haben kann. Dieser Frage geht die hier vorgelegte Studie nach – freilich ohne die Illusionen, die Entscheidungsträger würden diese oder überhaupt eine rationale Entscheidungshilfe akzeptieren oder gar begrüßen.

Ein Außenstehender mag sich an den Kopf greifen ob meiner Fragestellung: wenn Staat und Wirtschaft seit Beginn der kerntechnischen Entwicklung mit enormem Aufwand an Menschen und Geld die Entwicklung der Plutoniumtechnologie betreiben, dann werden sie – so wird er denken – doch vor einem nächsten großen Schritt, noch dazu, wenn er an die 10 Milliarden DM kosten soll, diese grundlegende Frage sorgfältig analysiert haben. Dazu ist zu sagen, daß sie in keiner neueren Studie behandelt wird. Antworten auf solche Fragen gab es, als der Entwicklungsapparat in Gang gesetzt wurde, zum Beispiel in der schon erwähnten Karlsruher Studie, die für Deutschland 80 000 MW an Brüterkraftwerken im Jahr 2000 prophezeiten.[9] Nunmehr genügt zur Legitimation die alte Aussicht, mittels der Plutonium-Wirtschaft schier unerschöpfliche Energie bereitstellen zu können.

Diese Aussicht scheint die Frage überflüssig zu machen, ob die Plutonium-Wirtschaft jemals realisiert werden wird. Müssen wir nicht um beinahe jeden Preis Ersatz für die versiegenden fossilen Energiequellen schaffen? Spielen Kosten dabei eine große Rolle?

Wäre es aber keine Kostenfrage, dann könnte man ja auch sofort beginnen, das ganze Energiesystem auf die Nutzung der unerschöpflichen Sonnenenergie umzurüsten, gewiß eine freundlichere Lösung als die Plutonium-Wirtschaft. Oder man könnte es, was die Kernenergie betrifft, bei den Leichtwasserrektoren (LWR) belassen und sie mit dem schier unerschöpflichen Urangehalt der Weltmeere beschicken. Das wären – technisch gesehen – weitaus simplere Lösungen des Energieproblems als die technisch enorm komplizierte Plutonium-Wirtschaft.

Ich frage hier nach den Aussichten des Plutoniumsystems, Strom kostengünstiger produzieren zu können als das etablierte Leichtwassersystem. Das reduziert die Komplexität des Vergleichs enorm gegenüber einem Vergleich mit anderen Energie-Systemen, etwa der Sonnenenergie, auf die nur ein kursorischer Blick geworfen wird. Denn das Endprodukt – Strom – ist bei diesem Vergleich identisch, ebenfalls der Energieträger – Natururan –, von dem das Plutoniumsystem allerdings sehr viel weniger benötigen würde als das Leichtwasserreaktorsystem. Die Kosten des Natururans spielen aber, wie sich zeigen wird, nicht nur derzeit, sondern auch für alle Zukunft beim Leichtwasserreaktor eine recht nachgeordnete Rolle. Zu vergleichen sind daher vor allem die Kapitalkosten der unterschiedlichen Anlagen, die zu den beiden Kernenergie-Systemen gehören, notabene der beiden Typen von Kernkraftwerken.

Nun sind freilich die Kosten des etablierten Leichtwasser-Systems weit besser bekannt als die des ja noch in der Entwicklung befindlichen Brütersystems. Die Genauigkeit des Vergleichs ist daher von vornherein als recht beschränkt anzusehen. Es wird sich aber zeigen, daß dennoch auf der Basis der heute öffentlich zugänglichen Informationen festgestellt werden kann: das Brütersystem hat praktisch keine Chance gegen das Leichtwassersystem. Das gilt eindeutig, solange nicht auf Uran zurückgegriffen werden muß, dessen Abbaukosten ein Vielfaches über den derzeitigen liegen – und das ist nach heutigen Erkenntnissen gewiß nicht notwendig innerhalb eines Zeitrahmens, der jetzt eine Fortführung der Entwicklung des Plutonium-Systems rechtfertigt. Es gilt aber mit großer Wahrscheinlichkeit selbst für den unwahrscheinlichen Fall, daß man dereinst Uran aus Meerwasser gewinnen müßte.

Diese Analyse ist aber auch kein Kompliment für die Wirtschaftlichkeit des Leichtwasserreaktor-Systems. Die einstige Zuversicht in das Plutonium-System gründete sich nämlich auf eine lange Zeit anhaltende, noch immer nachwirkende, naive Unterschätzung der (kostenwirksamen) technischen Probleme, die zur Beherrschung der Risiken der Radioaktivität (beim Plutonium zusätzlich der Toxizität) in an sich schon technisch hochkomplizierten Anlagen gelöst werden müssen. Die naive Unterschätzung betraf auch den Leichtwasserreaktor; die technischen Probleme häufen sich nur beim Brütersystem noch stärker. Die sukzessive in der Öffentlichkeit bekannt gewordenen

«Kostenexplosionen» der Leichtwasserreaktoren, des Brüters in Kalkar und der jetzt anstehenden WAA sind keine isolierten Phänomene. Ihre gemeinsame Ursache ist eben diese naive Unterschätzung. Wenn die Konjunktur der Leichtwasserreaktoren weltweit – wie gezeigt wird – nach der Mitte der siebziger Jahre zusammengebrochen ist, dann liegt das hauptsächlich an der «Kostenexplosion». Die von den Sprachreglern als Ursache dingfest gemachte Verlangsamung des Wirtschaftswachstums spielte dabei nur eine nachgeordnete Rolle.

Neben dem kerntechnischen Spezifikum Radioaktivität spielt als Verursacher der «Kostenexplosionen» noch ein generelles Phänomen eine Hauptrolle: große Projekte werden stets von den interessierten Protagonisten mittels maximaler Verheißungen und minimaler Kostenschätzungen auf den Weg gebracht. Denn die Erfahrung bestätigt regelmäßig, daß sie, einmal auf dem Weg, diesen auch dann fortsetzen, wenn die Verheißungen schrumpfen und die Kosten wachsen. Insofern mag diese Studie auch ein exemplarischer Beitrag zur Analyse der Irrwege der hochentwickelten Industriegesellschaft sein. Die gerade wiedererweckte Technikeuphorie, das erstaunlich verbreitete Vertrauen in die Verheißungen der sogenannten Neuen Technologien, dürfte weiterhin für eine reichhaltige Geschichte dieser Irrwege sorgen.

Zivile und militärische Plutonium-Technologie

Ist es überhaupt gerechtfertigt, den Antrieb zur Entwicklung der Plutonium-Technologie in der Verheißung zu suchen, sie werde das Energieproblem lösen? Schließlich ist doch das Plutonium, das bei der Wiederaufarbeitung gewonnen und im Brüter – in höherem Maße als im Leichtwasserreaktor – produziert wird, auch der Stoff, aus dem die Atomwaffen gemacht werden. Ist der Antrieb etwa nicht ziviler, sondern militärischer Natur?

Die Kerntechnik wurde ursprünglich ausschließlich für die Atombombe entwickelt. Das änderte sich, als im Jahre 1953 der US-Präsident Eisenhower der Welt ein Programm zur friedlichen Nutzung der Atomenergie verkündete, «Atoms for Peace». Damals wurde das schreckliche Bild von Hiroshima mit Prophezeiungen schier unerschöpflicher Möglichkeiten der Atomtechnik übermalt, wurde die ein Jahrzehnt lang verbreitete Vorstellung vom anbrechenden «Atomzeitalter» als einer Epoche gesegneter Fülle kreiert. Die Verwandlung des Bildes der Atomenergie vom Fluch zum Segen wurde gestützt durch eine makabre Verharmlosung der Atomwaffen, wie etwa Adenauers Gleichsetzung der taktischen Atomwaffen mit einer «Weiterentwicklung der Artillerie» (1957).

Die zeitweilig vorherrschende Erwartung, das atomare Gleichgewicht des Schreckens könne den Frieden auf Dauer gewährleisten, stirbt angesichts der Drehungen der Rüstungsspirale. Gleichzeitig entpuppt sich das vor dreißig Jahren ausgerufene «Zeitalter» der zivilen Atomtechnik als ein gigantischer Bluff:

Seit langem ist klar, daß die Nutzanwendung der Atomtechnik praktisch auf die Erzeugung von Elektrizität begrenzt bleibt. Seit einigen Jahren spricht es sich zudem herum, daß der «billige Atomstrom» allenfalls einen bescheidenen Beitrag zur Energieversorgung leisten kann: er ist zu kostspielig, um als universelle Energiequelle – das hieße hauptsächlich zur Erzeugung von Heiz- und Prozeßwärme – in Frage zu kommen. Daher schießen auch die Atomkraftwerke nicht so zahlreich aus der Erde, wie einst von den einen erhofft und von den anderen befürchtet wurde. Vielmehr droht den wenigen, weltweit verbliebenen, Reaktorherstellern die Schließung wegen Auftragsmangels.

Heute ist die Sachlage klar: epochal sind die Atomsprengköpfe, die zivile Atomtechnik ist deren geringfügiges Nebenprodukt. Würde sie wieder verschwinden, so hinterließe dies gewiß weit weniger Substitutionsprobleme als das Verschwinden des Fahrrads, des Kugellagers oder hundert anderer Techniken, nach denen nie ein Zeitalter benannt wurde.

Das alles heißt aber keineswegs, daß hinter der zivilen Atomtechnik stets vorwiegend militärische Absichten gestanden haben. Der enorme Aufwand, mit dem – aus welchen Absichten auch immer – die Entwicklung der zivilen Atomtechnik gestartet wurde, hat ihr vielmehr eine starke Eigendynamik verliehen. Die weit überwiegende Mehrzahl der kerntechnischen Akteure – insbesondere in der Bundesrepublik – sind gewiß an nichts weniger interessiert als daran, in den Geruch von Atomwaffen-Schmieden zu kommen.

Gleichwohl bleibt die Grenze zwischen der militärischen und zivilen Nutzung der Kerntechnik fließend. Die zivile Atomenergienutzung ist im Prinzip ein militärisches Potential, dessen Abrufung jederzeit politisch blockiert oder forciert werden kann. Dieses Problem ist in der Bundesrepublik infolge des 1954 ausgesprochenen Verzichts auf Atomwaffenproduktion nahezu als Tabu behandelt worden.

In seiner außergewöhnlich gründlichen Untersuchung der Geschichte der Atomenergie in Deutschland kam der Historiker Radkau zu dem Schluß: «Eine zielstrebige Steuerung der deutschen Atomentwicklung im militärischen Interesse ist nicht zu erkennen und auch wenig wahrscheinlich.» Die Vertreter des Atomkomplexes in Wirtschaft, Forschung und Staat wünschten zwar keine Verquickung mit militärischen Interessen, verhielten sich aber «fortdauernd gleichgültig» gegen die Proliferationsgefahr.[10]

Ich teile Radkaus Auffassung. Tabuisierung und/oder Gleichgültigkeit verhindern, daß bei der derzeitigen Diskussion um die Alternative Wiederaufarbeitung oder direkte Endlagerung des deutschen Leichtwasserreaktor-Brennstoffs das Problem der Proliferation zum Vorschein kommt:

Der US-Präsident Carter hatte der Wiederaufarbeitung und dem Brüter entschiedenen Widerstand entgegengesetzt. Als ehemaliger Nuklearingenieur Fachmann genug, um sich eine von der Atomlobby unabhängige Meinung bilden zu können, argumentierte Carter, die Wiederaufarbeitung (und damit auch der Brüter) sei einerseits bei realistischer Einschätzung der Uranvorkommen und des Ausbaupotentials der Kernenergie unnötig, andererseits bedrohe sie den Weltfrieden. Denn nur durch Wiederaufarbeitung wird Plutonium in handhabbarer, damit waffenfähiger Form freigesetzt. Eine auf Wiederaufarbeitung gegründete Kernenergienutzung werde daher, so Carter, praktisch unkontrollierbare Mengen an Plutonium in die Welt setzen und der weiteren Verbreitung der Atomwaffen (Proliferation) Vorschub leisten.

Die Kernenergiegemeinde, insbesondere die Brüter- und Wiederaufarbeitungsbranche, widersetzte sich zunächst mit der Behauptung, Plutonium aus Leichtwasserreaktoren sei gar nicht waffenfähig. Nachdem eine auf Carters Anweisung aus diesem Plutonium gebaute Bombe explodierte, herrscht hier Klarheit.

Das Plutonium aus kommerziell genutzten Leichtwasserreaktoren ist freilich nicht sonderlich reizvoll für die Militärstrategen in den hochgerüsteten, großen Industrieländern, sondern eher für Bombenamateure, also für kleinere Staaten oder Terroristen, denen die Wiederaufarbeitung Gelegenheit verschaffen könnte, in den Besitz von Plutonium zu gelangen. Denn wenn – allerdings auch nur wenn – der Brennstoff im Leichtwasserreaktor wirtschaftlich ausgenutzt wird (hohen Abbrand erzielt), dann entsteht dabei eine «unreine» Mischung von Plutoniumisotopen, deren Wirkung im Atomsprengkopf nicht so präzis kalkulierbar ist, wie das die Raketenstrategen verlangen.

In den USA wird das Waffenplutonium in dafür besonders geeigneten militärischen Reaktoren spezieller Bauart produziert und in auf diese Reaktoren zugeschnittenen Wiederaufarbeitungsanlagen gewonnen. Diese spezielle Waffenplutonium-Technologie ist organisatorisch streng von der zivilen Kernenergienutzung getrennt. Das Plutonium aus den amerikanischen zivilen Leichtwasserreaktoren steht dem Militär schon deshalb nicht zur Verfügung, weil es in den USA keine Wiederaufarbeitungsanlage gibt, in der es gewonnen werden könnte. Zwar hat Präsident Reagan versucht, die Wirtschaft für die Wiederbelebung der Wiederaufarbeitung zu gewinnen; er scheiterte aber am Desinteresse der Atomwirtschaft – wie beim Brüter. Trotz der politischen Wende findet die zivile Plutoniumtechnologie in den USA auch nach der Ära Carter nicht statt – nunmehr, weil die Wirtschaft sich von ihr nichts als Verluste verspricht.

Ob das nun die ursprüngliche Absicht war oder nicht, jedenfalls haben in den USA nicht die Militärs von der zivilen Kernenergienutzung profitiert, sondern die zivile Kernenergienutzung von der militärischen, mit deren Know-how sie einst gestartet wurde. Ganz anders ist die Lage in Frankreich.

In Frankreich wurden – wie auch in England – in den fünfziger Jahren bereits Gas-Graphit-Reaktoren in Betrieb genommen, deren Plutonium sich wegen des geringen Abbrands der Brennelemente dieses Typs für Atomwaffen eignet. Die Waffenplutonium-Produktion war das primäre Ziel, gleichzeitig wurden diese Reaktoren zur Stromerzeugung genutzt. Den ersten, von der französischen Atomenergiekommission (Commissariat à l'Energie Atomique, CEA) erbauten und betriebenen Reaktoren folgten große Kraftwerke dieses Typs, die vom staatlichen Elektrizitätsunternehmen (Electricité de France, EdF) zur Stromerzeugung in Auftrag gegeben wurden, deren Plutonium aber militärisch genutzt wird. Es wurde zunächst in einer spezialisierten Wiederaufarbeitungsanlage (Marcoule) gewonnen, im weiteren Verlauf aber auch in der Anlage in La Hague, in der auch Leichtwasserbrennstoff (darunter deutscher) wiederaufgearbeitet wird. Die Wiederaufarbeitung wird vom CEA (bzw. der Tochter COGEMA) betrieben, das in Frankreich sowohl für die militärische wie die zivile Atomtechnik zuständig ist.

In Frankreich sind also zivile und militärische Nutzung der Atomenergie eng verquickt. Seit Mitte der 60er Jahre wurden in Frankreich keine Gas-Graphit-Reaktoren mehr gebaut; die EdF setzte um 1970 gegen den harten Widerstand des CEA, das die Gas-Graphit-Reaktoren entwickelt hatte, die Einführung der Leichtwasserreaktoren amerikanischer Bauart durch. Die Forcierung des vom CEA entwickelten Brüters mit Unterstützung der EdF war ein Kompromiß, mit dem das CEA sein Gesicht wahren konnte. Brüter sollten bereits in den 80er Jahren die nur als Übergangslösung gedachten Leichtwasserreaktoren ablösen.

Das Plutonium aus den inzwischen bejahrten Gas-Graphit-Reaktoren der EdF wird weiterhin militärisch genutzt. Das für diesen Zweck ohnehin minderwertige Plutonium aus den Leichtwasserreaktoren aber wird für die geplante Brüterserie reserviert. Das im Brutmantel der Brüter produzierte Plutonium ist aber hervorragend geeignet für Atomwaffen.

Le Monde zitierte 1978 den General Thiry von CEA: «Frankreich ist in der Lage, Atomwaffen jeder Art und jeden Kalibers herzustellen; es wird Atomwaffen in großer Zahl produzieren können, sobald schnelle Brutreaktoren das dazu erforderliche Plutonium reichlich verfügbar machen.»[11]. Aber erst 1982 erfuhr die französische Öffentlichkeit durch kritisch eingestellte Publikationen, daß die ehrgeizigen, langfristigen Pläne der atomwaffenfreudigen Militärs auf der Gewinnung des Plutoniums beruhen, das im Brutmantel der geplanten Brüter entsteht und das sich in idealer Weise für die zukünftigen Waffen eignet.[12] Der Umstand, daß es hier auch um Plutonium aus dem von deutscher Seite mitfinanzierten Superphénix geht, bewog sozialdemokratische Bundestagsabgeordnete im November 1982 zu kritischen Anfragen, die von den zuständigen Ministern ausweichend beantwortet wurden.[13] Inzwischen teilte die französische Regierung der Europäischen Versorgungsagentur mit, daß sie das Plutonium aus dem 250 MW-Brüter für militärische Zwecke benötigt.*

Die Entwicklung der Plutoniumtechnologie hat also in Frankreich gleichermaßen eine zivile wie militärische Funktion. Die französische Atomlobby, angeführt vom CEA, hat sich durch das Aufgeben der Gas-Graphit-Reaktoren in eine schier unentwirrbare Zwangslage gebracht:

Es ist inzwischen klar, daß der geplante Zubau von Brütern die Elektrizitätserzeugung mit hohen Mehrkosten gegenüber Leichtwasserreaktoren belasten wird. Er ist zudem schon deswegen unnötig, weil das lange Zeit als beispielhaft gepriesene, weltweit einzigartige Leichtwasserkraftwerks-Programm der EdF zum Heranwachsen einer gigantischen Überkapazität führt, was die französische Öffentlichkeit erst im vergangenen Jahr durch den Bericht einer vom Planungsministerium eingesetzten (nach ihrem Vorsitzenden Josèphe benannten) Kommission erfuhr.[14] Der Zubau der enorm teuren Brüterkraftwerke ist zudem praktisch nicht mehr finanzierbar angesichts der «astronomischen»[15] Verschuldung der EdF (189 Milliarden Franc im Jahr 1983) infolge des maßlos überzogenen Kernkraftwerkprogramms.

Andererseits aber wäre die ehrgeizige französische Atomwaffenstrategie ohne den Zubau von Brütern (der das Militärbudget ja nicht

---

* Persönliche Mitteilung von Wolf Catenhusen, MdB.

belastet) nicht zu realisieren. Zudem sind die Brüter als *die* französische Spitzentechnologie derart hochgejubelt worden, daß an ein sanftes Einschläfern der hochfliegenden Brüterpläne im prestigebewußten Frankreich kaum gedacht werden kann. Der Ausweg wird zunehmend in einer breiten internationalen Beteiligung am nächsten Brüterkraftwerk französischer Bauart gesucht, der auch der Abschluß der Kooperationsvereinbarungen im Januar 1984 (vgl. S. 13 ff) dienen sollte. Die staatlich sanktionierte, elektrizitätswirtschaftliche Konvention, die 1971 die deutsche und italienische Beteiligung am ersten großen Brüterkraftwerk (Superphénix) festlegte, sieht den Bau des nächsten internationalisierten Brüterkraftwerks in der Bundesrepublik vor. Wird die deutsche Öffentlichkeit es hinnehmen, wenn in ihrem Land das Plutonium für französische Atomwaffen produziert wird?

Wenn die geplante deutsche Wiederaufarbeitungsanlage Mitte der neunziger Jahre anfangen wird, große Mengen an Plutonium freizusetzen, lange bevor der geplante Nachfolger des Kalkar-Brüters den Betrieb aufnehmen wird, ist der Atomwaffensperrvertrag abgelaufen, in dem die Bundesrepublik sich verpflichtet hat, das bei der Kernenergienutzung erzeugte Plutonium militärisch nicht zu verwenden. Wie werden dann die politischen Verhältnisse aussehen?

Der Antrieb zur Entwicklung der Plutoniumtechnologie ist in der Bundesrepublik *nicht* militärischer Natur. Aber niemand kann garantieren, daß sie, wenn es sie in großtechnischer Ausführung gibt, nicht zur Atomwaffenproduktion eingesetzt wird. Die deutsche Atomgemeinde verdrängt dies. Es wird Zeit, daß die Öffentlichkeit sie nachhaltig an die Janusköpfigkeit der Plutoniumtechnologie erinnert. Nur eine Entscheidung gegen die ökonomisch unsinnige Wiederaufarbeitungsanlage und für die direkte Endlagerung kann den Zugang zum Plutonium versperren.

Der energiewirtschaftliche Rahmen

Bisherige Entwicklung der Kernenergienutzung

In der Abbildung 1, die auf den jährlich in der Zeitschrift «Atomwirtschaft» veröffentlichten Statistiken* beruht, ist die Entwicklung der kumulierten Kernkraftwerksleistung in Gigawatt (GW)** für die Welt (ohne Ostblock)*** aufgetragen. Die Kurve «in Betrieb» zeigt, daß die in der Welt installierte Kernkraftwerksleistung seit Anfang der siebziger Jahre kontinuierlich gestiegen ist. So mag der Eindruck einer kontinuierlichen Entwicklung der Kernenergienutzung entstehen. Diesen Eindruck korrigiert aber die Kurve «konkret», welche die Entwicklung der Summe der weltweit (ohne Ostblock) in Betrieb und im Bau befindlichen sowie fest bestellten Kernkraftwerksleistung zeigt.

Der Anstieg dieser Kurve ergibt sich aus den Bestellungen von Kernkraftwerken. Die Bestellungen setzten Mitte der sechziger Jahre in nennenswertem Maß ein und stiegen dann in der nur vierjährigen Periode von 1970–1974 steil an. Bald danach – also ausgerechnet in der Zeit nach der ersten Ölkrise, die den Slogan «Kernenergie statt Öl» gebar – brach die Kernkraftwerkskonjunktur zusammen. Wie Abb. 1 zeigt, ist derzeit die kumulierte «konkrete» Kernkraftwerksleistung etwa so groß wie 1974, weil seitdem etwa so viele bereits abgeschlossene Kernkraftwerksaufträge annulliert wurden, wie neue hinzugekommen sind. Seit Mitte der siebziger Jahre wurden lediglich in Frankreich noch in erheblichem Umfang Kernkraftwerke bestellt.****

* Nähere Erläuterung vgl. Traube/Ullrich 1982, S. 316 ff. Entsprechend den Angaben in der «Atomwirtschaft» bis einschließlich 1982 ist die Netto-Leistung dargestellt. Die Angaben für 1983 erfolgten erstmalig für die Brutto-Leistung (Atw 3/84) und sind in Abb. 1 auf Nettowerte umgerechnet.

** 1 GW = 1000 MW (Megawatt). Im Durchschnitt liegt die Leistung heutiger Kernkraftwerke bei etwa 1 GW.

*** Für den Ostblock fehlen verläßliche Statistiken über bestellte Kernkraftwerke. Von der weltweit in Betrieb befindlichen Kernkraftwerksleistung entfällt auf den Ostblock lediglich ein Anteil von 13%.

**** Von den bis Ende 1975 bestellten Kernkraftwerken sind etwa 30% (110 GW) bis Ende 1983 wieder annulliert worden. Im gleichen Zeitraum wurden etwa 70 GW neu bestellt (abzüglich Annullationen), davon die Hälfte in Frankreich. Frankreich ist das einzige Land, das nach 1975 ein Kernkraftwerksprogramm von dem Zuschnitt, wie es zuvor in nahezu allen Industrieländern geplant worden war, tatsächlich durchgeführt hat. Es ist auch das einzige Land, in dem die vor einem Jahrzehnt bestehende Planung des Baus eines Brüterkraftwerks tatsächlich noch realisiert wurde.

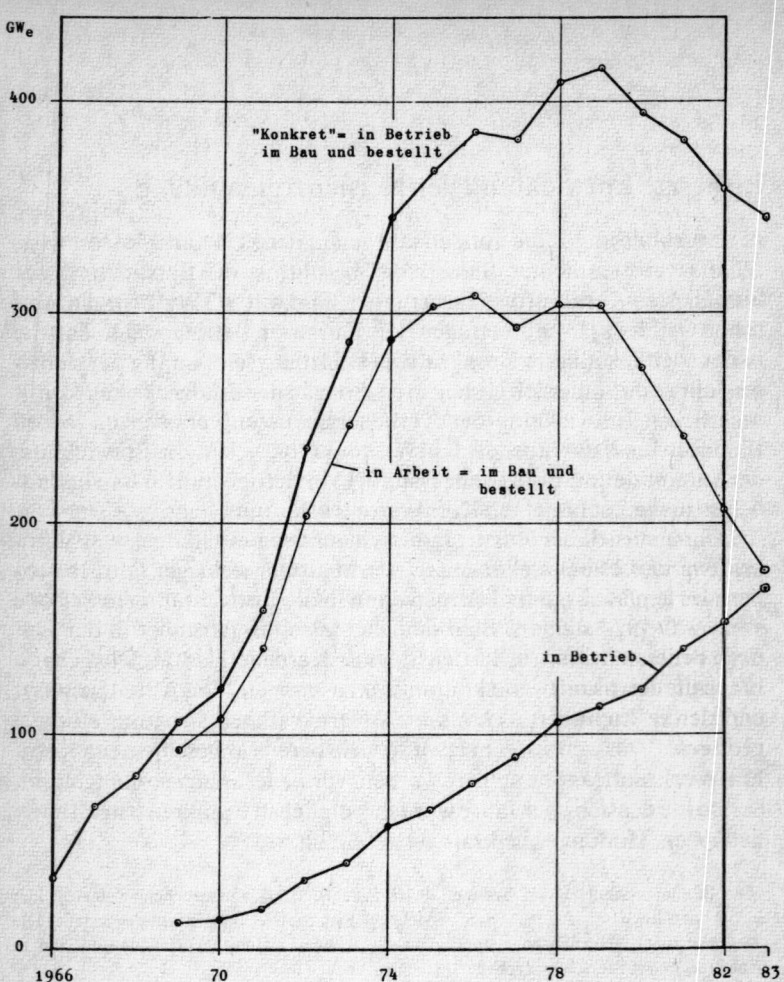

Abb. 1 Kernkraftwerksleistung der Welt (ohne Ostblock)

Derzeit werden die Kernkraftwerke fertiggestellt, die in der kurzen Konjunkturphase Anfang der siebziger Jahre bestellt wurden, daher auch der weiterhin kontinuierliche Anstieg der in Betrieb befindlichen (installierten) Kernkraftwerksleistung. Die Summe der in Arbeit befindlichen (d. h. im Bau befindlichen und bestellten) Kernkraftwerke nimmt aber seit einigen Jahren stark ab, wie die mittlere Kurve in Abb. 1 verdeutlicht. Das bedroht die Existenz der Kernreaktor-Hersteller, zu denen weltweit nur mehr zwölf Firmen zählen.

Die Kurven in Abb. 1 spiegeln die Geschichte der weltweit von der Elektrizitätswirtschaft in die Kernenergie gesetzten Hoffnungen und die darauf folgende Enttäuschung. Abb. 2 mag nun beispielhaft einen Aspekt des Zusammenhangs veranschaulichen zwischen den Hoffnungen, die vor einem Jahrzehnt einerseits in die wirtschaftliche Nutzung der derzeitigen «ersten Generation» von Kernkraftwerken und andererseits in die Enwicklung der Brüterreaktoren gesetzt wurden.

Die Abbildung beruht auf einer Prognose der amerikanischen Atomenergiebehörde (U.S.AEC) aus dem Jahr 1974 – kurz vor dem Zusammenbruch der Kernenergiekonjunktur.[1] Diese Prognose sollte belegen, daß es allerhöchste Zeit sei, mit dem (politisch blockierten) Bau des geplanten amerikanischen 300 MW-Brüterkraftwerks zu beginnen. Denn – so zeigt das Bild – bereits ab 1990 müßten kommerzielle Brüter-Kraftwerke fertiggestellt sein, ab dem Jahr 2000 werde die Leistung der jetzigen Generation von Kernkraftwerken* stagnieren und der rasche Ausbau der Kernenergie nur noch von den Brütern getragen. Diese Aufteilung werde notwendig, so argumentierte die U.S.AEC, damit die USA (das uranreichste Land der Welt) mit den eigenen Uranvorkommen auskommen könne; denn Brüter könnten das Uran 60mal besser ausnützen als Leichtwasserreaktoren.

Die Absurdität dieser vor kaum einem Jahrzehnt entstandenen regierungsamtlichen Prognose tritt hervor, wenn man die (ausgezogene) Kurve des bis 2020 erwarteten Verlaufs der in den USA installierten Kernkraftwerksleistung anschaut. Bereits für 1980 – also nur sechs Jahre nach der Erstellung der Prognose – wurden etwa 150 Gigawatt (GW) in den USA erwartet, fast dreimal mehr, als tatsächlich erreicht wurden (55 GW), mehr sogar, als 1980 *weltweit* erreicht wurden (138 GW einschließlich Ostblock). Allerdings registrierten die Kernenergiestatistiker zur Zeit der Prognose, 1974, für die USA insgesamt 228 GW an bestellter, im Bau oder in Betrieb befindlicher Kernkraftwerksleistung, Ende 1983 dagegen nur 131 GW; rund 43% der 1974 registrierten Kernkraftwerksaufträge waren inzwischen annulliert worden.

* Seinerzeit zählte die U.S.AEC dazu neben den Leichtwasserreaktoren auch noch die nunmehr weltweit – außer in Deutschland – aufgegebenen Hochtemperaturreaktoren.

Das allein erklärt aber nicht schon die so kurzfristige, drastische Fehleinschätzung der U.S.AEC; sie hatte auch die Bauzeiten für Kernkraftwerke bei weitem unterschätzt. Aber die Fehleinschätzung für 1980 erscheint noch geringfügig gegenüber der für die Zeit danach prognostizierten Kernenergieleistung in den USA. Die für das Jahr 2020 prognostizierte Kernenergieleistung von 3300 GW könnte allein etwa 10 (in Worten: zehn) mal so viel Strom erzeugen, wie die USA insgesamt derzeit an Strom verbrauchen. Das amerikanische Energieministerium reduzierte im Jahr 1980 die Erwartung der in den USA im Jahr 2020 installierten Kernenergieleistung schlicht um den Faktor zehn.[2]

Die U.S.AEC-Prognose von 1974 ist keineswegs ein extremes, sondern ein international repräsentatives Beispiel.* Die USA waren seinerzeit – und sind auch noch heute – im Ausbau der Kernenergie das mit großem Abstand führende Land. Die in der Bundesrepublik um die gleiche Zeit kursierenden Prognosen – auch die des ersten Energieprogramms der Bundesregierung von 1973 – zum Ausbau der Kernenergie erscheinen uns heute ebenso absurd wie dieses Beispiel. Man muß sich in die vom damaligen Zeitgeist getragene Kernenergieeuphorie zurückversetzen, um die Anfang der siebziger Jahre herrschende Brüterbetriebsamkeit begreifen zu können. Diese Betriebsamkeit wirkt heute nach, weil die großen Brüter-Organisationen, die infolge der damaligen Erwartungen geschaffen wurden, nun aus Selbsterhaltungstrieb ihrerseits Erwartungen produzieren und verbreiten.

Wandel der Perspektiven für den Uranmarkt

Die Entwicklung der Plutonium-Technologie – des Brüters und der Wiederaufarbeitung – legitimiert sich einzig und allein durch die – je nach Standort – Erwartung oder Befürchtung einer absehbaren Uranverknappung, die wiederum auf den anhand von Abb. 2 beispielhaft geschilderten, extrem überzogenen Erwartungen zum Ausbau der Kernenergie beruht. Wir wollen daher zunächst einen kursorischen Blick auf die Uransituation werfen.

* Das Kernforschungszentrum Karlsruhe prognostizierte 1965 eine im Jahr 2000 in der Bundesrepublik installierte Brüterleistung von 80 GW.[3] Die U.S.AEC prognostizierte (Nach Abb. 2) für das Jahr 2000 etwa die fünffache Brüterleistung der USA – bei derzeit gut der sechsfachen Elektrizitätserzeugung gegenüber der Bundesrepublik also etwa den gleichen Trend.

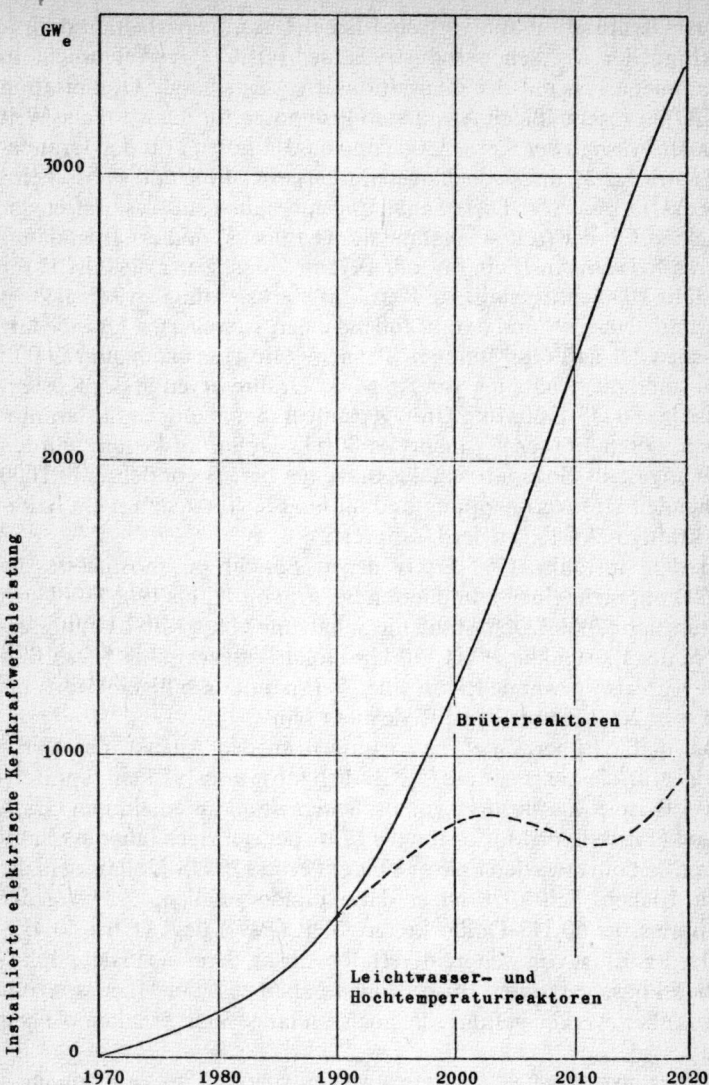

Abb. 2 Wachstum der in den USA installierten Kernkraftwerksleistung laut Prognose der U.S. AEC aus dem Jahre 1974

Die Organisation für wirtschaftliche Zusammenarbeit und Entwicklung der westlichen Industrieländer (OECD) veröffentlicht in Zusammenarbeit mit der internationalen Atomenergie-Organisation (IAEO) in regelmäßigen Abständen Prognosen für die westliche Welt über den Ausbau der Kernenergie und darauf fußend für den Uranbedarf sowie Schätzungen der (sogenannten gesicherten und wahrscheinlichen) Uranreserven. Diese Schätzungen beruhen auf Auskünften der einzelnen Länder (mit Ausnahme des Ostblocks) und erhalten damit einen offiziellen Anstrich. Im Jahr 1975 prognostizierte die OECD für das Jahr 2000 eine installierte Kernkraftwerksleistung zwischen 2000 GW und 2500 GW und darauf fußend einen kumulierten Uranbedarf zwischen 3,1 und 3,8 Millionen Tonnen (Mio t) bis zum Jahr 2000.[4] Dem stand die Schätzung von 3,5 Mio t Uranreserven in der Kostenklasse bis 80 US-Dollar/kg Uran gegenüber. Schätzungen für Uranreserven, deren Förderung mehr als 80 US-Dollar/kg kostet, wurden nicht angestellt. So ergab sich das Bild einer bereits vor dem Jahr 2000 drohenden Uranverknappung und mithin die Aussicht auf ein baldiges, kräftiges Ansteigen der Uranpreise.

In dem im Jahr 1982 erschienenen Bericht prognostizierte die OECD nur mehr einen kumulierten Bedarf von 1,1 bis 1,4 Mio t Uran bis zum Jahr 2000.[5] Dem stand die Schätzung von 5 Mio t Uranreserven in der Kostenklasse bis 130 US-Dollar/kg gegenüber.[6] Das Bild hatte sich also gewandelt: von einer Verknappung billigen Urans bis zum Jahr 2000 konnte keine Rede mehr sein.

Die maßlos überhöhten Erwartungen an den Ausbau der Kernenergie, für die die genannte OECD-Prognose von 1975 ein repräsentatives Beispiel ist, führte zu vorsorglichen Urankäufen, die den Uranpreis (auf dem Spot-Markt) um die Mitte der siebziger Jahre in relativ kurzer Zeit um etwa den Faktor 8 bis auf etwa 120 US-Dollar/kg in die Höhe trieben. Seit 1978 ist er dann rapide gefallen; 1981 lag der Uranpreis bei 60 US-Dollar/kg, zur Zeit (1984) liegt er bei 40 US-Dollar/kg. Er ist von weiterem Verfall bedroht, denn die in der euphorischen Phase getätigten Investitionen haben zu einer Überkapazität an Uranbergwerken geführt, die noch auf lange Sicht erhalten bleiben wird.[7]

Die Uransituation ist aber noch weit entspannter als sie schon nach den OECD-Daten von 1982 erschien. Denn einerseits beruht der 1982 genannte Uranbedarf für das Jahr 2000 auf der notorisch überoptimistischen OECD-Einschätzung des künftigen Zubaus an Kernkraftwerken, andererseits wurden inzwischen weit höhere Reserven an billigem Uran bekannt. So hatte bereits 1980 eine internationale Expertenkonferenz, INFCE, die Uranreserven der westlichen Welt in der

Kostenklasse bis 130 US-Dollar/kg auf 8 Mio t geschätzt. In ihrem jüngsten Bericht (Februar 1984) stellt die OECD/NEA die Kategorien ihrer Berichterstattung um: sie meldete 3,3 Mio t Uran der Kostenklasse bis 130 US-Dollar/kg in den Kategorien «gesichert» und «nachgewiesen»; darüberhinaus gäbe es (nach Erhebungen des International Uranium Resources Evaluation Project – IUREP) «spekulative» Reserven in der Kostenklasse bis 130 US-Dollar/kg zwischen 6,8 und 16,2 Mio t; der wahrscheinliche Bereich läge zwischen 9,6 und 12,1 Mio t.[8]

Zur Einschätzung dieser Zahlen ist zu bedenken, daß – so formuliert der Leiter des Projekts «Schneller Brüter» des Kernforschungszentrums in Karlsruhe – «ein echtes Interesse der Uranlieferländer besteht, ihre Vorkommen eher zu niedrig als zu hoch zu schätzen, um die Marktsituation in ihrem Sinn positiv zu beeinflussen.»[9] Auch stagniert die Uranprospektion angesichts der «Uranschwemme» auf niedrigem Niveau, so daß weite Teile der Welt noch gar nicht auf Uran abgesucht worden sind. Die Angaben über Uranvorkommen werden sich im Laufe der Zeit infolge Prospektierungstätigkeit noch erheblich erhöhen.[10] Man liegt daher gewiß auf der sicheren Seite, wenn man als ein Minimum an billigen «Uranreserven» (Kostenklasse bis 130 US-Dollar/kg) die 13 Mio t ansetzt, die sich aus der Addition der «gesicherten» und «nachgewiesenen» Reserven (3,3 Mio t) und der Untergrenze (9,6 Mio t) des «wahrscheinlichen» Bereichs der «spekulativen» Reserven im jüngsten OECD-Bericht ergeben. Bei der gegenwärtigen Rate der Uranförderung (knapp 40 000 t/a) würden diese 13 Mio t billigen Urans weit über 300 Jahre ausreichen. Bei der Förderrate 60 000 t/a, die die OECD derzeit für Ende des Jahrhunderts schätzt, reichen sie immer noch gut 200 Jahre.

Wie auch immer man den zukünftigen Zubau an Kernkraftwerken und damit den Uranbedarf einschätzt: der Anreiz und die Legitimation für den Bau von Brüterkraftwerken und Wiederaufarbeitungsanlagen, der noch Mitte der sechziger Jahre als so überaus dringend dargestellt wurde, ist offensichtlich auf die Sicht zumindest vieler Jahrzehnte verschwunden. Denn es besteht kein Zweifel, daß Brüter-Kraftwerke teurer als Leichtwasserkraftwerke sind und daher wirtschaftlich keine Chance haben können, solange nicht ein starker Anstieg der Uranpreise in Sicht ist. Schon dies erklärt, warum die vor einem Jahrzehnt so konkret geplanten Brüter-Kraftwerke in der Sowjetunion, England und den USA aufgegeben wurden. Als 1976 der Bau des «Superphenix» in Frankreich begann, setzte erst langsam – in Frankreich noch gar nicht – die Ernüchterung hinsichtlich des Ausbaus der Kernenergie ein.

Naturgemäß fühlten sich die seinerzeit für die Entwicklung der

Plutoniumtechnologie in die Welt gesetzten großen industriellen Organisationen und staatlichen Forschungszentren um ihrer Existenz willen dazu angeregt, neue Begründungen für die Fortführung der Entwicklung zu suchen. Die Wiederaufarbeitung hatte dabei bis vor kurzem keine Legitimationsprobleme, weil sie als notwendiger Bestandteil der Entsorgung von Leichtwasserreaktoren galt, bis die Alternative der direkten Endlagerung publik wurde. Die Brütergemeinde hingegen *konnte* das Argument der drohenden Uranverknappung nicht aufgeben; ihr Zeitpunkt mußte aber um einige Jahrzehnte – weit in das nächste Jahrhundert hinein – verschoben werden mit Hilfe von Prognosen über den langfristigen Ausbau der Kernenergie, die den weltweiten Zusammenbruch der Kernenergiekonjunktur stillschweigend übergehen (vgl. S. 79 ff). Der gegenüber einstigen Prognosen erheblich verlangsamte Ausbau der Kernenergie, wie er sich ja selbst in dem zur Argumentation bevorzugten, weil kontinuierlich erscheinenden, Anstieg der *installierten* Kernenergieleistung niederschlägt*, wird dabei in erster Linie auf die seit einem Jahrzehnt stark verlangsamte Wirtschaftsentwicklung zurückgeführt. Dies ist aber nur einer unter *drei* wesentlichen Gründen für den Zusammenbruch der Kernenergiekonjunktur seit Mitte der siebziger Jahre.

Der Zusammenbruch der Kernenergie-Konjunktur

Der Anstieg des Elektrizitätsverbrauchs in den westlichen Industrieländern ist nicht *nur* wegen der verlangsamten Wirtschaftsentwicklung weit hinter den Prognosen zurückgeblieben. Noch bedeutender ist, daß der Elastizitätskoeffizient zwischen dem Anstieg des Sozialprodukts und dem des Elektrizitätsverbrauchs rapide gesunken ist. Beide Komponenten zusammen bewirkten das drastische Zurückbleiben des Elektrizitätsverbrauchs hinter den Prognosen. Während beispielsweise die Bundesregierung 1973 prognostizierte, der Stromverbrauch werde sich in der Bundesrepublik von 1973 bis 1983 etwa verdoppeln, kam nur ein Anstieg von 25% zustande. Doch die Bundesregierungen setzten in allen bisherigen Fortschreibungen des Energieprogramms seit 1973 unverdrossen auf starken Stromzuwachs als Voraussetzung für den angestrebten weiteren Ausbau der Kernenergie. Während schon seit langem alle Indizien dagegen sprechen, daß es in der Zu-

---

* Vgl. Kurvenzug «in Betrieb» in Abb. 1.

kunft noch zu einem starken Zuwachs des Elektrizitätsverbrauchs kommen wird,[11] zieht diese Erkenntnis erst in jüngster Zeit in die offizielle Prognostik ein:

Das Bundeswirtschaftsministerium beauftragte kürzlich – nach der offenkundigen Blamage der bisherigen Gutachter – die PROGNOS mit einer Energieprognose. Diese im Juni 1984 vorgelegte Prognose sagt bis zum Jahr 2000 einen durchschnittlichen Anstieg des Stromverbrauchs von nur mehr 0,6–1,8% pro Jahr voraus. Zudem bemerken die Autoren, daß ihre Prognose «in keinem Bereich weder die technisch machbaren noch die wirtschaftlich lohnenden Einsparmöglichkeiten auch nur annähernd ausnützt.»[12]

Das Zurückbleiben des Stromverbrauchs gegenüber den Prognosen in allen westlichen Industrieländern war ein Hauptgrund für den Zusammenbruch der Kernenergiekonjunktur. Der andere Hauptgrund war der drastische Kostenanstieg für Atomkraftwerke. Die Abbildung 3 zeigt, wie sich dieser Kostenanstieg aus der Sicht des größten deutschen Elektrizitätsunternehmens, dem RWE, darstellt.[13] Danach liegen die Kosten für ein im Jahr 1990 fertiggestelltes (d. h. derzeit schon im Bau befindliches) Kernkraftwerk um den Faktor 6,5 höher als die eines 1974 fertiggestellten. Aus Abbildung 3 läßt sich auch ein Grund für die einstige Kernenergieeuphorie ablesen:

Noch Mitte der siebziger Jahre konnte es der Elektrizitätswirtschaft so scheinen, als lägen die Kapitalkosten eines Kernkraftwerks nicht höher als die eines Kohlekraftwerks.* Da außerdem die Kosten der Wiederaufarbeitung von Brennstoff seinerzeit weit unterschätzt wurden und daher die Brennstoffkreislaufkosten von Kernkraftwerken weitaus niedriger als die Brennstoffkosten der mit fossilen Brennstoffen (Kohle, Öl, Gas) betriebenen («konventionellen») Kraftwerke zu sein schienen, glaubte man, Elektrizität in Zukunft mit Kernenergie wesentlich billiger als bisher erzeugen zu können. Damit einher gingen Vorstellungen von einer «Eroberung des Wärmemarkts» durch den elektrischen Strom, die zwar noch heute propagiert werden, aber nunmehr leicht als ökonomischer Unsinn zu entlarven sind, weil konkurrierende Energieträger – nicht zuletzt auch die «Energiequelle Energiesparen» – im Wärmemarkt um ein Vielfaches kostengünstiger sind und bleiben werden als Strom.[14] Die Hoffnung auf die «Eroberung des Wärmemarkts» lag aber letztlich den damaligen – heute nur noch absurd erscheinenden – Prognosen über den künftigen Zuwachs des Stromverbrauchs zugrunde.

* In Abb. 3 haben das 1974 fertiggestellte 1200 MW-Kernkraftwerk und das 1976 fertiggestellte 700 MW-Kohlekraftwerk etwa die gleichen spezifischen (auf das Kilowatt elektrischer Leistung bezogenen) Anlagekosten.

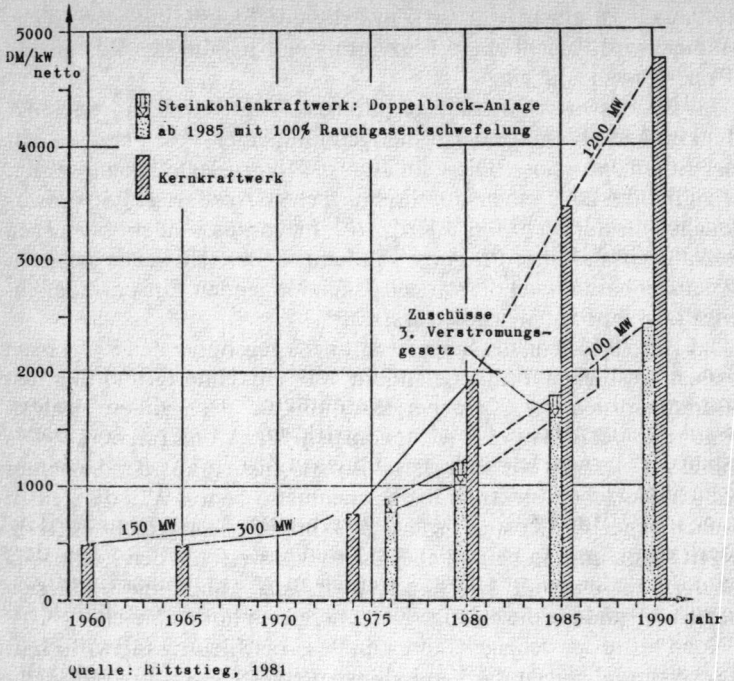

Quelle: Rittstieg, 1981

Abb. 3 Spez. Anlagekosten von Wärmekraftwerken jeweils bei Inbetriebnahme (einschl. Bauzinsen und -steuern)

Die erst ab Mitte der siebziger Jahre – nach der Fertigstellung einer nennenswerten Anzahl kommerzieller Kernkraftwerke – für die Elektrizitätswirtschaft erkennbar gewordene sogenannte «Kostenexplosion» der Atomkraftwerke, wie sie die Abb. 3 darstellt, hat auf doppelte Weise zu dem Zusammenbruch der Kernkraftkonjunktur geführt:

– Zum einen trug sie dazu bei, die Hoffnung auf eine starke Expansion des Stromverbrauchs zu zerstören;

– zum anderen beeinträchtigte sie die Konkurrenzfähigkeit von Kernkraftwerken mit konventionellen Kraftwerken.

Wenn in den USA, dem in der Kernenergienutzung führenden Land, nahezu die Hälfte aller bis zur Mitte der siebziger Jahre erteilten Kernkraftwerksaufträge annulliert worden sind (und dabei auch der Bau von Kernkraftwerken unter hohen Verlusten abgebrochen

36

wurde), dann teils wegen der zurückgehenden Stromverbrauchserwartungen, vor allem aber, weil sich herausstellte, daß der Atomstrom teurer wird als Strom aus Kohlekraftwerken.

Für Deutschland gilt heute unbestritten, daß Strom aus deutscher *Braun*kohle weitaus kostengünstiger ist als der aus Kernenergie. Angesichts der – im Verhältnis zu den meisten ausländischen Steinkohlevorkommen – ungewöhnlich hohen Förderkosten der deutschen *Stein*kohle läßt sich für die voraussichtlichen Stromerzeugungskosten eines neu zu errichtenden Kraftwerks in der Bundesrepublik noch ein Kostenvorsprung für die Kernenergie vor der deutschen *Stein*kohle in der Grundlast errechnen, wenn man geeignete, für die Kernenergie günstige, Annahmen trifft.* Unbestritten aber ist, daß der Strom aus neuen, derzeit in Angriff genommenen Kernkraftwerken erheblich teurer sein wird als die gegenwärtigen mittleren Stromerzeugungskosten aus dem bestehenden Kraftwerkspark, und daß – mit oder ohne Ausbau der Kernenergie – der Strompreis in Zukunft weiter erheblich steigen wird.[17]

Eine in der Bundesrepublik fleißig verbreitete Legende macht den Widerstand gegen die Kernenergie für die «Kostenexplosion» der Atomkraftwerke verantwortlich, weil er zu großen Bauzeitverzögerungen und zu übertriebenen Auflagen der Genehmigungsbehörden geführt habe. Ich habe an anderer Stelle dargelegt, daß demgegenüber die «Kostenexplosion» im wesentlichen auf folgenden Fehleinschätzungen beruhte:[18]

– Zum einen hatten die Reaktorhersteller und deren Zulieferer von Komponenten anfangs die Baukosten weit unterschätzt. Was in Abb. 3 als «*Kosten*» des 1974 fertiggestellten Kernkraftwerks erscheint, war der *Preis,* den das Elektrizitätswerk für das Kraftwerk entrichtete. Die tatsächlich angefallenen Kosten für den Erbauer des Kraftwerks und für dessen Zulieferer lagen aber weitaus höher. Die anfangs überwiegende Komponente war also gar keine «Kostenexplosion», sondern zunächst eine «Preisexplosion», die die Preise für spätere Kernkraftwerke den tatsächlichen Kosten anglich.

– Zum anderen fand bei den Genehmigungsbehörden und ihren technischen Gutachtern, aber auch bei den Kernkraftwerksherstellern und -betreibern ein kostentreibender Lernprozeß statt. Mit steigender Erfahrung verschärften sich die Anforderungen an die Konstruktion

---

* Die Annahmen lassen sich im Rahmen der Vorhersagbarkeit auch so wählen, daß sich ein Kostenvorsprung des Stroms selbst aus der teuren deutschen Steinkohle vor dem Strom aus Kernenergie ergibt.[15] Aber auch bei den in der Elektrizitätswirtschaft derzeit üblichen Annahmen kann die Stromerzeugung aus stadtnahen Steinkohle-Kraftwerken mit Abwärmenutzung (Kraft-Wärme-Kopplung) kostengünstiger sein als die aus Kernkraftwerken.[16]

von Kernkraftwerken, um diese hochkomplexen und risikoreichen Anlagen sicherheits- und betriebstechnisch zuverlässiger zu gestalten.

– Schließlich fiel erst sehr spät die Aufmerksamkeit auf sehr beachtliche Kostenfaktoren, welche die Kernkraftwerkshersteller und -betreiber anfangs kaum beachtet, jedenfalls aber weit unterschätzt hatten, und deren Höhe noch auf lange Zeit ungewiß bleibt: Abriß stillgelegter Kernkraftwerke, Wiederaufarbeitung und Endlagerung abgebrannter Brennelemente.

Die sogenannte Kostenexplosion der Atomkraftwerke stellt sich also bei näherem Zusehen als Korrektur früherer Fehleinschätzungen heraus. Dieser kostentreibende, gleichsam «negative» Lerneffekt ist im übrigen ein bekanntes Phänomen bei hochkomplexen Technologien,* das bei Kernkraftwerken infolge der Sicherheitsproblematik noch verschärft wurde. Im Gegensatz zu der Erfahrung mit vergleichsweise überschaubaren, neuen Produkten, deren Herstellungskosten in der Regel mit der Zeit sinken, steigen die Kosten hochkomplexer Produkte im allgemeinen im Laufe der Zeit, und zwar um so mehr, je komplexer sie sind. Es gibt keinen Grund zu der Annahme, daß diese Regel nicht auch auf Brüterkraftwerke zutreffen sollte, denn sie sind technisch noch weit komplexer als Leichtwasserkraftwerke.

Werden Energieträger knapp?

Die Erfahrung des negativen Lerneffekts mit der jetzigen Generation von thermischen Kernkraftwerken – von deren einstiger Typenvielfalt weltweit praktisch nur der Typ mit wassergekühlten Reaktoren übrig geblieben ist – sollte die Aufmerksamkeit auf die Frage lenken, ob denn die Plutoniumtechnologie, speziell die Brüterkraftwerke – bei denen weltweit nur mehr die Version mit natriumgekühltem Reaktor verfolgt wird – jemals wirtschaftlich zur Stromerzeugung eingesetzt werden können. Es ist schon äußerst fragwürdig, eine überaus kostspielige Entwicklung weiterzuführen, wenn deren Nutzung schon allein wegen der auf viele Jahrzehnte hinaus gesicherten Versorgung mit billigem Uran selbst in einem halben Jahrhundert wirtschaftlich noch keine Rolle spielen kann. Offensichtlich wäre es aber sinnlos, diese Entwicklung weiterzuführen, wenn der heutige Stand der Kenntnis es wahrscheinlich machte, daß Brüter kaum eine Chance haben,

* Man denke an die bekannten «Kostenexplosionen» bei Flugzeugen wie Tornado oder Concorde.

jemals wirtschaftlich mit anderen Möglichkeiten der Stromerzeugung konkurrieren zu können.

Trotz der Diskussion um die Fortführung des Baus in Kalkar ist die Frage nach den wirtschaftlichen Aussichten der Brüter bisher nicht ernsthaft untersucht worden. Der simple Hinweis darauf, daß Brüter infolge ihrer guten Uranausnutzung die Energieversorgung auf Jahrhunderte hinaus sichern könnten, schien die Analyse überflüssig zu machen. Aber dem ebenso simplen Hinweis, daß die Energieversorgung auch mit der Nutzung der überall auf der Welt überreichlich vorhandenen Sonnenenergie unbefristet gesichert werden könnte, werden in der Regel – und nicht zu Unrecht – die hohen Kosten der Sonnenenergienutzung entgegengehalten.

Obwohl die Nutzung der Sonnenenergie noch nicht einmal ein Jahrzehnt lang ernsthaft entwickelt und auch heute noch mit weit geringerem Mitteleinsatz betrieben wird als die Entwicklung der Plutoniumtechnologie, läßt sich eines heute bereits absehen: zur Deckung des Wärmebedarfs – das ist bei weitem der größte Energiebedarfssektor – wird Strom aus Brüterkraftwerken nie wirtschaftlich mit Sonnenenergietechnologien, die nicht den teuren Umweg über Elektrizität gehen, konkurrieren können. Wenn überhaupt, dann könnten Brüterkraftwerke mit anderen Technologien nur zur Deckung des eigentlichen Elektrizitätsbedarfs konkurrieren.

Auch die Elektrizitätserzeugung könnte allerdings, technisch gesehen, keineswegs nur durch Brüter auf Jahrhunderte hinaus gesichert werden. So ist beispielsweise die Elektrizitätserzeugung durch Solarzellen zwar eine raffinierte, aber keineswegs komplexe Technologie. Im Gegensatz zum Brüter ist deshalb ihre Entwicklung überschaubar und nicht von schwerwiegenden Rückschlägen bedroht. Daß ihre Kosten mit der Zeit erheblich sinken werden, so wie sie bisher schon erheblich gesunken sind, ist gewiß. Dennoch wird Solarstrom es noch auf mindestens Jahrzehnte hinaus schwer haben, im Rahmen großer elektrischer Netze mit herkömmlichen Kohle- oder Kernkraftwerken zu konkurrieren. Aber die Markteinführung der Solarzellen kann ohne nennenswerte technische Risiken für Anwendungsfälle außerhalb des Bereichs großer elektrischer Netze jetzt bereits erfolgen. Dazu sind kaum noch Subventionen erforderlich, jedenfalls keine, die auch nur entfernt an die staatlichen Aufwendungen für die Brüterentwicklung heranreichen.

Bei den Solarzellen handelt es sich nämlich um eine ausgesprochene Massenfertigung kleiner Teile, die – im Gegensatz zur Kernenergie – auch in kleinen bis kleinsten Stromerzeugungseinheiten verwendet werden können. Selbst wenn sie – was ich *nicht* erwarte – niemals im

Bereich großer Netze mit der konventionellen Elektrizitätserzeugung konkurrieren könnten, hätte sich der vergleichsweise bescheidene Entwicklungsaufwand gelohnt, weil ein ausreichender Markt für Spezialanwendungen vorhanden ist. Damit stehen sie jedenfalls als «Backstop-Technologie» – gleichsam für alle Fälle – in Zukunft zur Verfügung.

Auch die heute bekannten Kohlevorkommen würden noch für Jahrhunderte den Elektrizitätsbedarf decken können. Selbst die heutige Generation von Kernkraftwerken könnte, technisch gesehen, praktisch unbefristet die Stromerzeugung übernehmen.* Denn einmal kann die Uranausnutzung (Konversion) der Leichtwasserreaktoren wesentlich verbessert werden, vor allem aber ist Uran keineswegs ein seltenes Material, sondern in praktisch unbegrenzten Mengen, wenn auch in geringen Konzentrationen, in der Natur vorhanden.

Die gängigen Angaben über Uranreserven beziehen sich lediglich auf billig förderbares Uran (bis 130 $/kg); selbst in dieser Kostenkategorie ist – wie schon gesagt – bei Intensivierung der Prospektion noch weit mehr Uran zu finden. Nimmt man aber höhere Gewinnungskosten in Kauf, so ist Uran in praktisch unbegrenzter Menge verfügbar, sowohl in der Erdrinde als auch im Meer.

Angaben über *terrestrische* Reserven jenseits der Kostenklasse 130 $/kg sind nicht weltweit verfügbar. Als Hinweis auf Reserven einer mittleren Kostenklasse kann beispielsweise die Schätzung des US-Energieministeriums dienen, nach der die Uranvorräte der USA in der Kostenklasse bis 260 $/kg mit 4 Mio t rund viermal so hoch sind wie die in der Kostenklasse bis 130 $/kg.[19] Nimmt man nochmals eine Verdopplung der Gewinnungskosten auf etwa 500 $/kg in Kauf, also auf etwa das Zehnfache der Gewinnungskosten des derzeit abgebauten Urans, dann dürften die Vorkommen bereits die Größenordnung einer Milliarde Tonnen erreichen: würde die Konzentration von etwa 1000 ppm (d. h. 1 kg Uran je Tonne Gestein), bis zu der heute Uranvorkommen (bei Kosten unter 50 $/kg) abgebaut werden, um den Faktor 10 gesenkt, so dürften sich die Gewinnungskosten auch um diesen Faktor 10 erhöhen; die Uranvorkommen dürften sich aber um einen Faktor von der Größenordnung mehrere 100 erhöhen.[20] Selbst bei kräftigen Abstrichen von diesen Schätzungen bleibt: zu Gewinnungskosten von 500 $/kg ließen sich praktisch unerschöpfliche terrestrische Uranreserven erschließen.

Der Urangehalt der *Weltmeere* wird mit etwa 4 Milliarden Tonnen

* Mit der Einschränkung, daß Kernkraftwerke – gleichgültig ob auf der Basis von Wasserreaktoren oder Brütern – sich nicht für häufige Lastwechsel eignen, also die Spitzenlast und obere Mittellast nicht erzeugen können.

beziffert. Wegen der sehr geringen Urankonzentration müßten aber riesige Wassermengen für die Urangewinnung prozessiert werden, was sich in hohen Kosten niederschlagen würde. Dennoch sind Versuche zur Extraktion von Uran aus Meerwasser in England schon Anfang der fünfziger Jahre, in Japan Anfang der sechziger Jahre begonnen worden, Anfang der siebziger Jahre dann in vielen Ländern, auch in der Bundesrepublik. Der Eifer erlahmte dann aber mit dem Niedergang der Atomeuphorie. Die bisher «größte» Pilotanlage (für 10 t Uran pro Jahr) wird derzeit auf einer japanischen Insel installiert und soll in diesem Jahr (1984) den Betrieb aufnehmen.

Mitte der siebziger Jahre schätzte das japanische Industrieministerium die Kosten der Urangewinnung aus Meerwasser auf 90–130 \$/kg.[21] Seitdem sind die Angaben erheblich gestiegen. Eine Studie des amerikanischen MIT von 1980 schätzte etwa 700 \$/kg.[22] Die OECD-Kernenergieagentur gab in ihrem Uranbericht von 1982 Kosten von 500–1000 \$/kg an. Häufig vertreten Fachleute die Auffassung, die Kosten der Urangewinnung aus Meerwasser würden die Kosten der derzeitigen wirtschaftlichen Urangewinnung etwa um den Faktor 10 übertreffen, also um 400 \$/kg liegen. Zu bedenken ist bei diesen Angaben, daß radioaktive Risiken bei dieser Technologie nicht auftreten, die kernenergiespezifischen «Kostenexplosionen» deshalb nicht zu erwarten sind. Dennoch scheint es geraten, mit der am obersten Rand des Spektrums liegenden Schätzung der OECD zu rechnen, also mit 500–1000 \$/kg.*

Der Aufwand zur Entwicklung der Technologie der Urangewinnung aus Meerwasser ist insgesamt gering im Verhältnis zum Aufwand für die Plutoniumtechnologie. Obwohl beide ja das gleiche Ziel verfolgen: unerschöpfliche Kernenergie, wird der teureren Technologie aus den bereits erwähnten Gründen der Vorzug gegeben.

Was bedeuten nun solche Grenzkosten, zu denen Uran entweder bergmännisch oder aus Meerwasser in unerschöpflichen Mengen gewonnen werden könnte? In Leichtwasserkraftwerken der heute üblichen Bauart tragen die Kosten des Natururans beim derzeitigen Spotmarktpreis von 40 \$/kg (gerechnet als 100 DM/kg) lediglich mit 0,25 Pfennig je Kilowattstunde (0,25 Pfg/kWh) zu den Stromerzeugungskosten bei.** Bei einem Grenzwert von 500 \$/kg (entsprechend

---

* Die Zuverlässigkeit der publizierten Kosten der Urangewinnung aus Meerwasser ist gering, zum einen, weil ihnen die verschiedenen Extraktionsverfahren zugrunde liegen, zum anderen, weil es an großtechnischer Erprobung mangelt.[23]

** Das zur Zeit in Kernkraftwerken eingesetzte Uran ist zumeist nicht auf dem Spotmarkt eingekauft, sondern aufgrund langfristiger Lieferverträge, die zu höheren Preisen abgeschlossen wurden. Daher schlägt es zumeist mit etwas mehr als 0,25 DM/kWh zu Buche.

1250 DM/kg) würde das Uran mit rund 3 Pfg/kWh zu Buche schlagen.*

Bei solchen Urankosten würden aber an sich bekannte, derzeit nicht attraktive, technische Maßnahmen ergriffen, um den Uranverbrauch der Leichtwasserreaktoren um mindestens ein Drittel zu senken.** Natururankosten von 500 $/kg würden sich dann lediglich mit 2 Pfg/kWh in den Stromerzeugungskosten niederschlagen. Zum Vergleich: 2 Pfg/kWh entsprechen gut 10% des derzeitigen durchschnittlichen Strompreises in der Bundesrepublik; seit 1980 stieg der durchschnittliche Strompreis im Schnitt um jährlich eben diese 10%. Das Zahlenbeispiel zeigt:

Die bestechende Eigenschaft des Plutoniumsystems, drastisch weniger Natururan zu verbrauchen als das Leichtwassersystem, hat ökonomisch lediglich marginale Bedeutung, und zwar nicht nur derzeit, sondern für alle Zeit.

Ideologie an Stelle wirtschaftlicher Analyse

Für diejenigen, die schon davon gehört haben, daß Uran praktisch in unerschöpflicher Menge vorhanden ist, malt die Brütergemeinde an Stelle des schlichten, publikumswirksamen Bilds vom Brüter, der vor dem Versiegen der Energiequelle Uran schützt, das differenziertere Bild vom Brüter, der den dereinst steigenden Uranpreisen Paroli bieten könne. Dieses Bild beeindruckt, weil es an die im Verlauf des vergangenen Jahrzehnts eingeprägte Erfahrung von der hohen Bedeutung steigender Energiepreise anknüpft. Die Projektion dieses Bildes auf die Kernenergie gelingt, wenn die geringe Bedeutung, die der

* Leichtwasserreaktoren heutiger Bauart erzeugen rund 40 000 kWh Strom aus einem Kilogramm Natururan. Dabei ist in diesem Kilogramm Natururan auch das abgereicherte Uran mitgerechnet, das bei der Urananreicherung als «Abfall» entsteht (hier wurden 0,25% Restanreicherung angesetzt). Ähnlich liegt der Uranverbrauch der Schwerwasser- und fortgeschrittenen gasgekühlten Reaktoren, die neben den Leichtwasserreaktoren noch zur Stromerzeugung eingesetzt werden.

** Allein die jederzeit machbare Senkung des U-235-Gehalts im abgereicherten Uran von beispielsweise 0,25% auf 0,1% würden den Natururanverbrauch um etwa 25% reduzieren. Das geschieht heute nicht, weil es die Anreicherung um einen Betrag verteuert, der beim heutigen Uranpreisniveau nicht durch die Uraneinsparung kompensiert wird. Hinzu kommen Möglichkeiten zur Uraneinsparung durch verbesserte Neutronenökonomie von mindestens noch einmal der gleichen Größenordnung.[24] Die Reduktion um ein Drittel ist also ein sehr vorsichtiger Ansatz.

natürliche Energieträger Uran für die Kosten des Atomstroms hat, stillschweigend übergangen wird.

Selbst bei der konventionellen Stromerzeugung tragen die Kosten der verbrauchten Energieträger – Kohle, Erdgas, Heizöl – auch heute noch im Durchschnitt weniger als die Hälfte zu den Kosten des Endprodukts Strom in der Bundesrepublik bei; der überwiegende Kostenanteil sind Amortisationskosten für die technischen Einrichtungen zur Stromerzeugung und Verteilung – also der Kraftwerke und der Elektrizitätsnetze. Beim Atomstrom erhöhen sich die Kapitalkosten demgegenüber noch weiter: der Bau eines Kernkraftwerks kostet heute – bezogen auf das Kilowatt installierter Leistung – etwa doppelt so viel wie der eines Kohlekraftwerks. Dagegen sind die Kosten des natürlichen Energieträgers – Natururan – fast belanglos. Zudem liegen die Kosten der Verarbeitung des Natururans – Anreicherung und Brennelementfertigung – sowie der sogenannten Entsorgung der bestrahlten Brennelemente insgesamt erheblich höher als die des Natururans selbst. Auch diese «Brennstoffkreislaufkosten» bestehen im wesentlichen aus Amortisationskosten für technische Anlagen.

Die Kosten des Atomstroms haben also nicht viel mehr mit den Preisen für dessen natürlichen Energieträger zu tun als die Kosten von Warmwasser oder Elektrizität, die mittels technischer Anlagen durch das Einfangen der Sonneneinstrahlung erzeugt werden, mit dem Nulltarif, zu dem diese Einstrahlung zu haben ist. Die Kosten des Atomstroms bestehen *fast* ausschließlich, die der Sonnenenergie *ganz* ausschließlich aus den Kapitalkosten der energietechnischen Anlagen zuzüglich Wartungskosten. Selbstredend gilt dies ebenso für die auf Jahrzehnte hinaus zweifellos ergiebigste und wirtschaftlichste «Energiequelle» – genauer Energiesenke – nämlich die rationellere Nutzung von Energie, das sogenannte Energiesparen. Auch zur Verminderung des Energiebedarfs muß man Technik installieren, deren Amortisationskosten den wirtschaftlichen Wert der eingesparten Kilowattstunde bestimmen.

Diese zwar banalen, dennoch wenig beachteten Kostenstrukturen der «Energiequellen», aus denen die fossilen Energieträger Kohle, Erdgas und Erdöl substituiert werden können, muß man vor Augen haben, um die wirtschaftlichen Probleme der künftigen und bereits stattfindenden Umstrukturierung des Energiesystems sinnvoll kategorisieren zu können. Die traditionelle Sicht des Energieproblems als eines Problems der Versorgung mit natürlichen Energieträgern versperrt den Zugang dazu. Die eigentlich knappen, die Umstrukturierung des Energiesystems begrenzenden Ressourcen sind nicht natürliche Energieträger, sondern ist das Kapital, das eine Volkswirtschaft erübrigen kann zur Investition in der Energietechnik – sei es in der Energiespar- oder in der Energieversorgungstechnik.

Hätten die Energieprognostiker diese simple Erkenntnis vor Augen gehabt, so hätten sie wohl rechtzeitig bemerkt, daß es auf lange Sicht weitaus weniger Kapital erfordert, eine Kilowattstunde Wärmeenergie einzusparen als diese Kilowattstunde in Form von Strom aus Kernenergie oder aus fossilen Energieträgern zu erzeugen. Das ist aber letztlich der Grund dafür, daß im vergangenen Jahrzehnt Öl im Wärmemarkt nicht in nennenswertem Maß durch Strom auf der Basis von Kernenergie, dagegen in starkem Maß durch Energiesparmaßnahmen substituiert wurde.[25] Die heute nur mehr absurd anmutenden, noch bis vor wenigen Jahren regierungsamtlich verkündeten Prognosen zum Wachstum des Energieverbrauchs, speziell des Stromverbrauchs und der Kernenergieleistung, belegen drastisch die Dominanz der versorgungsorientierten Energieträgerideologie, der es unfraglich erschien, daß die «versiegende» Energiequelle Öl durch den neu erschlossenen Energieträger Uran ersetzt werden müsse.

Diese fatale Energieträgerideologie lebt fort und wird von interessierter Seite ständig neu belebt. Sie bewirkt, daß die äußerst kostspielige Brüterentwicklung durch das bloße Versprechen legitimiert erscheint, den natürlichen Energieträger Uran weit besser nutzen zu können als die gegenwärtig angewandte Atomtechnologie. Die überdimensionierte Bedeutung, die den natürlichen Energieträgern auch für eine ferne Zukunft zugemessen wird, läßt die Frage nach der volkswirtschaftlichen Bedeutung steigender Uranpreise nicht ernsthaft aufkommen. Stellt man aber diese Frage, dann zeigt bereits die vorstehende grobe Abschätzung der bescheidenen Belastung des Strompreises durch die – bezogen auf das Kilogramm Uran extrem hoch erscheinenden – Kosten der Urangewinnung aus unerschöpflichen Vorkommen, wie fragwürdig es ist, die Entwicklung der Plutoniumtechnologie – nach wie vor die kostenspieligste Entwicklung ziviler Technik – weiter zu betreiben.

Kriterien für den Nutzen der Plutonium-Wirtschaft

Die wundersame Eigenschaft des Brüters, Brennstoff aus seiner eigenen Asche erzeugen zu können, stellt sich also als eine zwar publikumswirksame, aber keineswegs einzigartige Möglichkeit heraus, die Elektrizitätserzeugung langfristig von erschöpfbaren Energierohstoffen unabhängig zu machen. Da dies auch z. B. durch Nutzung der Sonneneinstrahlung oder durch Nutzung praktisch unerschöpflicher Uranvorkommen mittels der Leichtwasserreaktoren möglich ist, werden andere Eigenschaften als die schiere «Unerschöpflichkeit» darüber entscheiden, welche dieser Technologien in der Praxis zum Einsatz kommt.

Die Wertung dieser Eigenschaften mag sich im Lauf der Zeit wandeln. Sollten Umwelt- und Sozialverträglichkeit zunehmend an Gewicht gewinnen, dann wird sich das zugunsten der Sonnenenergie (in Verbindung mit rationellerer Energienutzung) und gegen die Kernenergie auswirken. Die wirtschaftlichen Eigenschaften dürften aber auch weiterhin ein gewichtiges Auswahlkriterium unter den Alternativen zur Stromerzeugung bleiben. Jedenfalls dürfte sich die Stromerzeugung aus Kernenergie, sofern sie überhaupt die nächsten Jahrzehnte überdauert, langfristig nicht gegenüber der aus Sonnenenergie behaupten können, zumal wenn diese sich auch dereinst im Rahmen großer elektrischer Netze als kostengünstiger erweisen sollte.

Diese Feststellung gilt unabhängig davon, ob sich das Plutoniumsystem wirtschaftlich gegen das Leichtwassersystem durchsetzen kann. Steigende Urankosten mögen zwar die Konkurrenzsituation des Leichtwassersystems zu anderen Möglichkeiten der Stromerzeugung, insbesondere zu der aus Sonnenenergie, im Lauf der Zeit beeinträchtigen. Das Plutoniumsystem muß sich aber am Leichtwassersystem messen. Nur wenn es Strom kostengünstiger erzeugen könnte als das Leichtwassersystem, dann müßte es sich auch gegenüber anderen Alternativen behaupten. Oder könnte es – außer militärischen – noch andere Gründe geben, das Plutoniumsystem gegenüber dem Leichtwassersystem zu bevorzugen, selbst wenn es teureren Strom erzeugte?

Geringere nukleare Risiken sagt dem Plutoniumsystem im Verhältnis zum Leichtwassersystem gewiß niemand nach. Dezentralisieren läßt es sich eher noch weniger: der Zwang zu großen Kraftwerkseinheiten ist beim Brüter wegen der noch höheren Kapitalkosten* und der weit risikoreicheren Technik noch ausgeprägter als beim Leichtwasserreaktor. Neben der eigentlichen Begründung für das Plutoniumsystem, dereinst knappes und mithin teures Uran drastisch besser auszunutzen als das Leichtwassersystem, wird nur noch ein Argument vorgebracht: das Plutoniumsystem verschaffe weitgehende Unabhän-

---

* Hohe Kapitalkosten zwingen dazu, die Degression der spezifischen Anlagekosten mit wachsender Kraftwerksgröße auszunutzen. Deshalb liegt auch die Blockleistung der deutschen Kernkraftwerke (1300 MW) fast doppelt so hoch wie die der größten konventionellen Kraftwerke (700 MW).

gigkeit vom Welturanmarkt, schütze damit auch vor einem Urankartell, das die Uranpreise in die Höhe treiben könne.

Die Erfahrung der beiden – durch das OPEC-Kartell verursachten – «Ölpreisschocks» mag bewirken, daß dieses Argument auf den Eindruck macht, dem nicht geläufig ist, wie gering der Anteil des Natururans an den Kosten der Stromerzeugung in Kernkraftwerken ist. Nun konterkariert aber ausgerechnet die Elektrizitäts- und Atomwirtschaft dieses Argument mit dem häufigen Hinweis, Uran lasse sich – im Gegensatz zu Öl und Gas – bei erträglichen Kosten auf Jahre hinaus bevorraten. Dieser Hinweis dient zur Hervorhebung der hohen Versorgungssicherheit der LWR-Kernkraftwerke. Tatsächlich wird in Westeuropa etwa das Fünffache des jährlichen Uranbedarfs gelagert.[26] Unter solchen Bedingungen könnte der Versuch eines Kartells, Uran zu verknappen, um – wie die OPEC – Preise weit über den Gewinnungskosten durchzusetzen, wohl kaum erfolgreich enden: die Abnehmer könnten die Kartellbrüder «aushungern».

Weiter wird zugunsten der Versorgungssicherheit von LWR-Kraftwerken häufig vorgebracht, die geographische Verteilung der Uranvorkommen in der westlichen Welt mache die Bildung eines marktbeherrschenden Kartells aus politischen Gründen unwahrscheinlich.* Dieses Argument verliert allerdings an Gewicht, wenn man sehr lange Zeiträume und damit die Möglichkeiten politischen Wandels betrachtet. Dagegen tritt bei langfristiger Betrachtung ein gewichtiges Argument zu dem der Bevorratung hinzu: Die Uranreserven erhöhen sich enorm, wenn Vorkommen jenseits der konventionellen Grenze von 130 $/kg als abbauwürdig angesehen werden. Mit solcher Erhöhung der Mengen geht auch eine starke geographische Streuung der Uranvorräte einher. Unterstellt man, daß trotz der langjährigen Uranbevorratung einmal die Bildung eines wirksamen, marktbeherrschenden Urankartells gelänge, so könnte es doch Uranpreise weit jenseits der 130 $/kg höchstens kurzfristig durchsetzen, weil dann der Abbau der weit gestreuten, teureren Uranvorkommen lohnen würde.

Für die Elektrizitätswirtschaft wären kartellbedingte Uranpreiserhöhungen jedenfalls von geringer Bedeutung. Stiege der Uranpreis auf das 5fache der derzeitigen 40 $/kg, so würde sich die Stromerzeugung in Kernkraftwerken um etwa 1 Pfg/kWh erhöhen. Ein nur 10%iger Anstieg der Preise fossiler Energieträger (Ruhrkohle, Erdgas, schweres Heizöl) würde etwa die gleiche Erhöhung der Kosten der Stromerzeugung in konventionellen Kraftwerken bewirken.

---

* Die wichtigsten westlichen Uranproduzenten sind derzeit: USA, Kanada, Südafrika, Namibia, Niger, Australien, Frankreich.

Wir können also feststellen: es gibt keine rationellen Gründe – die militärischen möchte ich hier ganz aussparen – das Plutoniumsystem zur Stromerzeugung einzusetzen, solange es nicht kostengünstiger Strom erzeugen kann als das Leichtwassersystem. Zwar sprächen auch dann gewichtige Gründe – insbesondere die Gefahr der Atomwaffen-Proliferation – gegen seinen Einsatz. Zudem ist es nicht gesagt, ob es dann, wenn es einmal mit dem Leichtwassersystem konkurrieren könnte, auch gegenüber anderen Möglichkeiten der Stromerzeugung konkurrenzfähig wäre. Wir können uns aber im weiteren darauf beschränken, zu fragen, wie denn die langfristigen Aussichten für die wirtschaftliche Konkurrenzfähigkeit des Plutoniumsystems gegenüber dem Leichtwassersystem einzuschätzen sind – ob es irgendeinen Sinn hat, die Entwicklung des Plutoniumsystems noch weiter zu betreiben.

Dazu vergleichen wir im folgenden Kapitel die Alternative des Leichtwassersystems: Wiederaufarbeitung – als der entscheidende Schritt in die Plutonium-Wirtschaft – oder direkte Endlagerung. Im abschließenden Kapitel vergleichen wir das gegenüber der Plutonium-Wirtschaft durch direkte Endlagerung verschlossene Leichtwassersystem mit dem ausgebildeten Plutonium-Brüter-System.

Die Alternative: Wiederaufarbeitung oder direkte Endlagerung

Die Systeme

Das Schema in Abbildung 4 zeigt die technischen Stationen – mithin die Kostenfaktoren – des Systems der Kernenergienutzung. Links sind untereinander angeordnet die Stationen des Leichtwassersystems mit direkter Endlagerung, das wir fortan «Uran-Leichtwassersystem» nennen:

Das in Bergwerken gewonnene Natururan wird in der Anreicherungsanlage mit dem spaltbaren Isotop U-235 angereichert (wobei als Abfall «abgereichertes» Uran entsteht). Das angereicherte Uran wird in einer Brennelementfabrik zu den Brennelementen verarbeitet, die im Leichtwasserreaktor eines Kernkraftwerks «abgebrannt» werden. Dort spaltet sich der größte Teil des Uran-235, wobei die zur Stromerzeugung genutzte Energie freigesetzt wird. Die abgebrannten, stark radioaktiven Brennelemente, die etwa 1% Plutonium enthalten, werden nach Entnahme aus dem Reaktor einige Zeit (etwa 2 Jahre) im Kernkraftwerk zum «Abkühlen» gelagert und dann in ein Zwischenlager verbracht, so daß nach gegenwärtiger Planung mindestens 7 Jahre lang ihre Radioaktivität und mithin Wärmeentwicklung abklingen kann. Daraufhin würden sie zur Endlagerung «konditioniert», d. h. in einen Behälter gesteckt, der – so das jüngst aufgestellte Kriterium – «500 Jahre absolut dichten Einschluß» gewährleisten soll. Dieser Behälter wird im Endlager eingelagert, das im Salzstock bei Gorleben eingerichtet werden soll.

Die mittlere Spalte zeigt, wie sich das Leichtwassersystem nach deutscher Planung ändert bei Wiederaufarbeitung. Aus dem Zwischenlager werden die abgebrannten und abgekühlten Brennelemente in die Wiederaufarbeitungsanlage transportiert. Dort wird ihr aus Uran, radioaktiven Spaltprodukten und Plutonium bestehender Inhalt chemisch prozessiert zur Gewinnung des Plutoniums. Dieses, sowie das von Spaltprodukten befreite, nunmehr radioaktive Resturan werden in einer Plutonium-Brennelement-Fabrik wieder zu

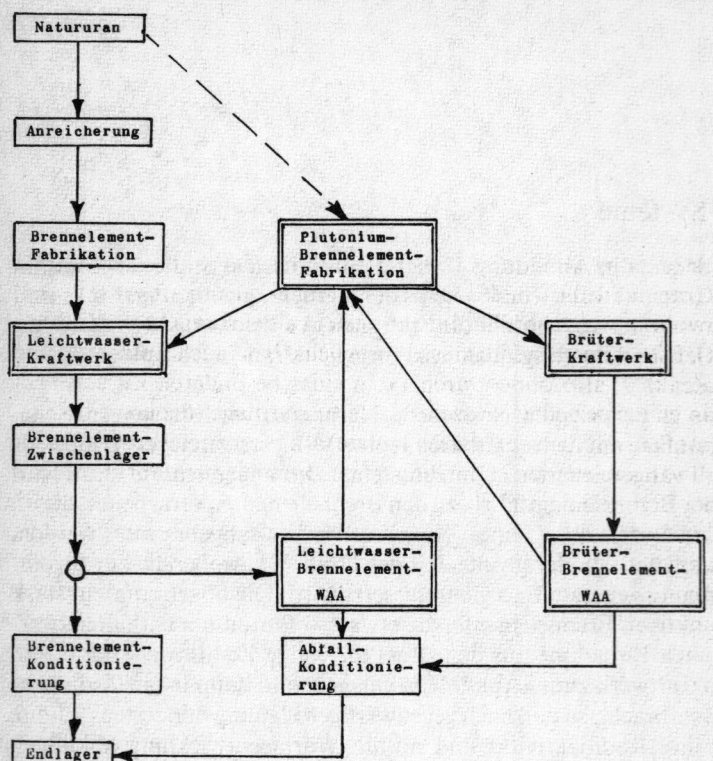

Abb. 4 Die Systeme der Kernenergienutzung

Mischoxyd-Brennelementen verarbeitet und in einen Leichtwasser-reaktor zurückgeführt (Plutonium-Rückführung)*. Der radioaktive Abfall wird am Ort der Wiederaufarbeitung in drei Fraktionen (hoch-, mittel- und schwachaktiv) getrennt und für die Endlagerung konditio-niert: der hochaktive Abfall soll verglast werden, der mittelaktive und ein Teil des schwachaktiven sollen zementiert (alternativ in Bitumen eingegossen), ein anderer Teil des schwachaktiven mit einem Binde-mittel verpreßt werden. Als Blöcke werden dann die Abfälle im End-lager eingelagert.

Der rechte Teil zeigt schließlich die Komplettierung zum ausgebil-deten Plutonium-System. In der Plutonium-Brennelementfabrik wer-den Plutonium und Uran (statt zu Leichtwasserreaktor-) zu Brüter-brennelementen verarbeitet. Zusammen mit Brennelementen aus rei-nem Uran werden sie in den Brutreaktor eines Kernkraftwerks einge-setzt, wobei etwas mehr Plutonium entsteht als verbraucht wird (Brut-effekt). Die Brennelemente müssen möglichst bald nach Entnahme aus dem Reaktor, also ohne Durchlaufen eines besonderen Zwischenla-gers, in einer speziellen Wiederaufarbeitungsanlage (anderer Techno-logie als für Leichtwasserbrennelemente) aufgearbeitet werden. Pluto-nium und Uran werden in die Plutonium-Brennelementfabrik zurück-geführt, der Abfall wie bei der Leichtwasser-WAA konditioniert und ins Endlager verbracht. Bei den in Abbildung 4 stark umrandeten Anlagen tritt das nuklearspezifische, kostenträchtige Problem der Kombination einer an sich komplexen Technik mit den Risiken der Radioaktivität auf – zu dem sich bei der Hantierung mit freigesetztem Plutonium dessen enorme Toxizität gesellt. Das sind die Anlagen, bei deren Entwicklung die notorischen «Kostenexplosionen» auftraten und noch auftreten werden. Dazu gehören alle die in Abbildung 4 aufgeführten Anlagen des Plutoniumsystems. Beim Natururan-Leichtwassersystem mit direkter Endlagerung gehört dagegen nur das Kernkraftwerk dazu:

Das Natururan ist auch in der schwachen Anreicherungsstufe für Leichtwasserreaktoren ziemlich harmlos. Es ist so schwach radioaktiv, daß es ohne Abschirmung verarbeitet wird, es ist nicht toxisch und kann bei der Verarbeitung keine nukleare Kettenreaktion auslösen («explodieren»). Die Verarbeitung des unbestrahlten Natururans – d. h. Anreicherung und Brennelementfertigung – ist daher «konventio-nell», nicht mit nuklearspezifischen Komplikationen belastet, wenn-gleich technisch anspruchsvoll. Nach Entnahme aus dem Reaktor sind die Brennelemente zwar hochaktiv, dafür ist ihre Verarbeitung tech-

* In Frankreich ist diese Plutonium-Rückführung in Leichtwasserreaktoren nicht vor-gesehen.

nisch anspruchslos: sie werden in Behälter eingesetzt, die zuvor in einer konventionellen Fabrik (in Abwesenheit der Brennelemente) gefertigt wurden.

Die Häufung der nuklearspezifischen, kostenexplosionsträchtigen Anlagen des Plutoniumsystems ist – wie wir zeigen werden – die Ursache für seine wirtschaftlichen Probleme im Verhältnis zu dem technisch vergleichsweise unproblematischen «Uran-Leichtwassersystem».

Die Wiederaufarbeitung

Die Atomwaffenstaaten – im Westen die USA, England und Frankreich – haben schon seit den 50er Jahren Wiederaufarbeitungsanlagen betrieben, um das in den Reaktoren entstehende Plutonium für die Bombenproduktion zu gewinnen. Die für die Stromerzeugung weltweit dominierenden Leichtwasserreaktoren (auch der nur in England gebräuchliche «fortgeschrittene» gasgekühlte Reaktortyp) erfordern aber in bedeutenden Bereichen der Wiederaufarbeitungsanlagen eine andere Technik, weil ihre Brennelemente anders geartet (oxydisch) sind und vor allem, weil sie infolge höheren Abbrands stärker radioaktiv werden als die der frühen, heute noch militärisch genutzten Reaktoren. Dennoch galt die Aufarbeitung des «zivilen» Brennstoffs als unproblematisch, bis Anfang der siebziger Jahre die beiden ersten «kommerziellen» Wiederaufarbeitungsanlagen (West Valley, USA und Windscale, England) wegen fortgesetzter Pannen stillgelegt wurden; eine dritte, zur gleichen Zeit fertiggestellte «kommerzielle» Anlage (Morris, USA) nahm den Betrieb gar nicht erst auf.

Diese Anlagen sollten je 300 bis 400 Tonnen oxydischen Brennstoff pro Jahr (t/a) verarbeiten können, entsprechend dem Anfall aus etwa einem Dutzend großer Leichtwasser-Kraftwerke. Anlagen mit etwa 1000 t/a Kapazität sollten Anfang der 80er Jahre in den USA, England, Frankreich und Deutschland in Betrieb gehen.[1] Statt dessen arbeitete seit jenen Stillegungen – von kleineren Anlagen in Deutschland, Belgien und Japan abgesehen – in der westlichen Welt nur eine Wiederaufarbeitungsanlage der 400 t/a-Klasse in La Hague (Frankreich). Diese (1975 in Betrieb genommene) Anlage entstand später als die in den USA und England, weil sich Frankreich erst 1970 für den Bau von Leichtwasser-Kraftwerken entschied, so daß die Erfahrungen der Vorläufer verwendet werden konnten. Dennoch wurde auch die

Anlage in La Hague von Pannen geplagt und hat bei weitem nicht die für oxydischen Brennstoff geplante Kapazität erreichen können.* Gleichwohl gilt Frankreich als das in der Wiederaufarbeitung führende Land, zumal dort die Planungen für größere Anlagen weitergeführt wurden bis zu dem 1981 erfolgten Beschluß, die Anlage in La Hague zu modernisieren und auf 800 t/a-Kapazität zu erweitern sowie daneben eine zweite, gleich große Anlage zu errichten, die ausländischen Brennstoff aufarbeiten und von den Ausländern finanziert werden soll.

Das technische Fiasko der Wiederaufarbeitung schlug sich in den offiziellen französischen Schätzungen für die Kosten der Wiederaufarbeitung nieder. Sie erhöhten sich von 1972 bis 1981 um nicht weniger als den Faktor 10 (in konstanten Preisen) auf 4500 FF/kg aufgearbeitetem Schwermetall.[2]** Die französische Schätzung von 1981 beruhte auf der Planzahl von 11 Milliarden Francs Investitionskosten für eine 800 t/a-Anlage, an Stelle eines etwa doppelt so hohen Kostenvoranschlags der mit der Planung beauftragten Société Générale Nucléaire, der nicht in die nuklearpolitische Landschaft paßte.[3] Eine von der Regierung Mauroy eingesetzte Kommission zur Untersuchung der «Entsorgungsprobleme» forderte in ihrem Bericht vom Dezember 1982, die Öffentlichkeit über die bisher vertraulichen Daten der geplanten Wiederaufarbeitungsanlage zu informieren[4] und bezweifelte die Kostenangaben des CEA (bzw. seines Tochterunternehmens COGEMA). Ein CEA-Mitarbeiter, Jean-Louis Fensch, trat vor kurzem mit der Behauptung an die Öffentlichkeit, die tatsächlichen Kosten der Wiederaufarbeitung lägen bei 12 000–24 000 FF/kg, während das französische Elektrizitätsunternehmen EdF lediglich 4910 FF/kg bezahle.***

Die deutsche Elektrizitätswirtschaft hat über die DWK mit der COGEMA vereinbart, ein Drittel der Investitionskosten für die neu zu erbauende 800 t/a-Anlage (genannt UP-3a-Anlage) zu zahlen, wofür im Gegenzug ein Drittel ihrer Kapazität für die Wiederaufarbeitung deutscher Brennelemente zur Verfügung gestellt wird. Anläßlich der

* Die Anlage ist mit zwei «head ends» versehen zur alternativen Wiederaufarbeitung von Brennstoff aus Leichtwasserreaktoren und aus gasgekühlten Reaktoren. Da beide Brennstoffarten aufgearbeitet werden, ist der Erfolg oder Mißerfolg bei der LWR-Aufarbeitung nicht eindeutig quantifizierbar.

** Das in den Brennelementen enthaltene Uran verwandelt sich teilweise in Plutonium und Spaltprodukte; diese Mischung wird zusammenfassend Schwermetall (SM) genannt. Da die Masse praktisch erhalten bleibt, entspricht 1 kg Uran der unbestrahlten Brennelemente 1 kg SM der abgebrannten Brennelemente.

*** Die COGEMA arbeitet mit hohem Verlust (1981 bzw. 1982: 227 bzw. 173 Millionen Francs), den Beobachter vorwiegend der Wiederaufarbeitung in La Hague zuschreiben.[5]

nicht-öffentlichen Anhörung zur Wiederaufarbeitung am 1./2. Februar 1984 im Niedersächsischen Landtag sagte DWK-Vorstandsmitglied Salander, der Abgeordnete Kreuzer (der zuvor Angaben der DWK bezweifelt hatte), habe «völlig recht in der Aussage – wir haben das inzwischen nachgeprüft – daß man heute rund 55 Milliarden Francs für die Errichtung der UP-3a-Anlage plus deren zehnjährigen Betrieb ansetzen muß.»[6] Salander rechnete dann vor:

Bei einem deutschen Anteil von ⅓ an diesen Kosten von 55 Milliarden Francs und einem Ansatz von 30 Pfennig je Francs werde die deutsche Elektrizitätswirtschaft knapp 6 Milliarden DM zahlen müssen; bei zehn Jahren Betrieb werde sie dafür rund 3000 t Brennstoff wiederaufarbeiten können, so «daß wir für die Wiederaufarbeitung in Frankreich mit 2000 DM/kg rechnen müssen. Dieses Geld muß man heute bezahlen, obwohl die Wiederaufarbeitung erst mit der Inbetriebnahme der Anlage im Jahr 1989 beginnt». Für diesen Vorabkredit müsse man mit Finanzierungskosten von im Mittel 500 DM/kg rechnen, «so daß sich also die französische Wiederaufarbeitung für ein deutsches EVU heute mit Kosten von etwa 2500 DM/kg darstellt im Gegensatz zu 3000 DM/kg bei uns.»[7] Bei uns heißt hier: in der geplanten deutschen WAA der DWK.

Das ist vorerst der letzte Stand. Selbstredend sind die jeweiligen Kostenangaben zur französischen Wiederaufarbeitung auch von deutscher Seite gegenüber zweifelnden Kritikern stets als zuverlässig und belastbar dargestellt worden.Es gibt aber wenig Grund zu der Annahme, daß die Kostenexplosion nun zu Ende ist. Was die französische Anlage kosten wird, wenn sie einmal fertiggestellt ist, ob sie 1989 den Betrieb aufnimmt, ob sie die vorausgesagte Kapazität erreicht, also auch wirklich die angenommenen 3000 t deutschen Brennstoffs aufarbeiten wird, das alles wird die Zukunft zeigen. Angesichts des Standes der bisherigen Erfahrungen kann von einer erprobten Technologie, deren Kosten man fest im Griff hat, wohl allenfalls gegen Ende dieses Jahrhunderts die Rede sein.

Zur französischen Erfahrung mit der Wiederaufarbeitung von Leichtwasserbrennstoff wird der Rest der Welt bis gegen Ende des Jahrhunderts nicht allzuviel beisteuern. Lediglich in England ist noch eine kommerzielle Anlage (Thorp) mit einem etwa parallelen Zeitplan projektiert, die auch deutschen Brennstoff aufarbeiten soll. Hinzu käme die geplante deutsche Anlage, die kaum vor Ende des Jahrhunderts belastbare Betriebserfahrungen bringen kann.*

* Nach dem derzeit von der DWK vertretenen Zeitplan soll der Bau 1985 beginnen, 1992 soll der erste Brennstoff aufgearbeitet, 1997 die projektierte Leistung von 350 t/a erreicht werden.[8]

Man vergleiche einmal die für die Wiederaufarbeitung bis zum Jahr 2000 zu erwartende Erfahrung mit Bau und Betrieb kommerzieller Anlagen mit der Erfahrung, die 1975 mit kommerziellen Leichtwasser-Kraftwerken vorlag. 1975 waren die ersten als kommerziell erklärten Leichtwasser-Kraftwerke bereits 12 Jahre in Betrieb; insgesamt waren 1975 bereits 65 kommerzielle Leichtwasser-Kernkraftwerke in den USA, Westeuropa und Japan in Betrieb. Aber erst ab 1975 kamen die tatsächlichen Kosten der Leichtwasserkraftwerke zum Vorschein, begann ihre «Kostenexplosion» sich in der Elektrizitätswirtschaft herumzusprechen.

Gewiß hat die Erfahrung der diversen Kostenexplosionen in der Atomtechnik inzwischen zu größerer Vorsicht geführt. Andererseits aber stehen die Wiederaufarbeiter bei der Nennung von Kosten unter dem Druck, für die Erhöhungen gegenüber den jeweils zuletzt genannten Zahlen Rechtfertigungen zu finden und zu vermeiden, daß die Frage nach dem wirtschaftlichen Sinn oder Unsinn der Wiederaufarbeitung allzu virulent wird. Jedenfalls beruht die seit Jahren immer wieder mit Stentorstimme vorgetragene Behauptung, die Wiederaufarbeitung sei eine «erprobte Technologie», deren Kosten man fest im Griff habe, auf einer – je nach dem Vortragenden unterschiedlichen – Mischung aus Zweckoptimismus, Betriebsblindheit oder Ignoranz.

Man kann die aktuelle Situation der Wiederaufarbeitung, oder auch genereller des Plutoniumsystems, nicht verstehen, wenn man ihre Geschichte nicht kennt. Schauen wir uns nun die deutsche Geschichte an, wo man ja – wenn man von der kleinen Pilotanlage absieht – nicht auf eigene, handfeste Erfahrungen zurückgreifen kann.

Wiederaufarbeitung auf deutsch

In der jüngsten Stromkostenstudie aus dem Lager der Kernenergiebefürworter schätzt U. Hansen die Kosten der Wiederaufarbeitung in der in Deutschland geplanten 350 t/a-Anlage auf 2900 DM/kg (Geldwert 1982), macht aber darauf aufmerksam, daß die Kosten der Wiederaufarbeitung *zuzüglich* Endlagerung in Deutschland 1971 mit 250 DM/kg, 1975 mit 700 DM/kg und 1977 mit 900 DM/kg beziffert wurden[9] und stellt fest: «Eine erste detaillierte Angabe der Kosten einer deutschen Wiederaufarbeitung wurde 1976 von Mandel gemacht. Er bezifferte die gesamte Entsorgung auf 900 DM/kg. Seitdem sind von maßgeblicher Stelle keine Angaben erfolgt und man ist auf

Schätzungen angewiesen.»[10] Hansen schätzt nun die 2900 DM/kg auf der Basis, daß die deutsche Wiederaufarbeitungsanlage tatsächlich den geplanten Durchsatz von jährlich 350 t erreicht und daß sie jene 4 Milliarden DM kostet, die seit 1980 von der Deutschen Gesellschaft für Wiederaufarbeitung von Uranbrennstoffen (DWK) genannt und im November 1980 auf der Tagung «Entsorgung von Kernkraftwerken» wie folgt erläutert werden: «Nach einer ganz groben Schätzung betragen die Investitionskosten 4 Milliarden DM. Wenn wir 25% davon für Planungskosten rechnen, so sind das etwa 5000 Ingenieursmannjahre, also 500 Mann im Durchschnitt jedes Jahr. Diese Zahl mag verdeutlichen, welche Arbeit noch zu leisten ist.»[11] Mit vier Milliarden DM – dieser «ganz groben Schätzung» von 1980 für die 350 t/a-Anlage – hatte die DWK bis 1979 auch die Investitionskosten der bis dahin geplanten 1400 t/a-Anlage beziffert!

Die DWK hat jedenfalls bis Ende letzten Jahres eisern an diesen magischen vier Milliarden DM festgehalten, dabei aber die Öffentlichkeit im Unklaren gelassen, wie diese Zahl zu interpretieren ist. Aus solchen vagen Angaben machte das Energiewirtschaftliche Institut an der Universität Köln (EWI) harte Zahlen. Das der Elektrizitätswirtschaft nahestehende Institut hat im Auftrag des Bundeswirtschaftsministeriums 1978 und 1981 je eine vergleichende Analyse der Stromerzeugungskosten aus Steinkohle und Kernenergie publiziert, die von Ministerium und Elektrizitätswirtschaft als Kronzeugen für die Wirtschaftlichkeit des Atomstroms verbreitet wurden.Die Ergebnisse der Studie von 1981 kursieren weiterhin als *die* Kosten des Atomstroms.

In der 1978 veröffentlichten Studie hatte das EWI für die Wiederaufarbeitung 510 DM/kg angesetzt.[12] Diese Zahl hatte H. Mandel (RWE) 1976 in der Öffentlichkeit genannt.[13] Sie entsprach etwa den 1976 von der offiziellen französischen PEON-Kommission geschätzten 1000 FF/kg.[14] Treuherzig gab das EWI 1981 die gerade aktuellen, von französischer und deutscher Seite genannten Kosten wieder für bare Münze aus. Es nannte Kosten von 2200 DM/kg, das Vierfache des drei Jahre zuvor genannten Wertes. Diese Zahl basiere zu 75% auf der Kostenschätzung für die geplante deutsche Anlage, zu 25% auf französischen Preisen. Als 1983 das Öko-Institut Freiburg eine Gegenstudie zu den Kosten des Atomstroms veröffentlichte, in der die Kosten der Wiederaufarbeitung als äußerst ungewiß und jedenfalls weit höher als bisher angenommen dargestellt wurden,[15] stellten die EWI-Autoren in einer unverzüglichen Replik lakonisch fest, daß «die französische COGEMA zur Zeit Brennelemente für weniger als 2000 DM/kg SM wiederaufarbeitet, d. h. für einen Bruchteil der von Franke/Viefhues errechneten Kosten, daß die Preise für Wiederaufarbeitung in der neuen Anlage UP 3a noch niedriger liegen – warum sollten deutsche Ingenieure nicht auch eine solche Anlage bauen können.»[16]

Offenbar können aber weder die deutschen noch die französischen Ingenieure das, was sie können sollten. Laut der nur ein halbes Jahr später gemachten, bereits zitierten ´Angabe der DWK, liegen die «Preise für die Wiederaufarbeitung in der neuen UP 3a» keineswegs noch niedriger als 2000 DM/kg, sondern bei 2500 DM/kg – und es handelt sich auch gar nicht, wie stets behauptet wird, um feste Preise, sondern um Schätzkosten, die beständig auf der Wanderung nach oben sind.

Die deutschen Ingenieure sollten nunmehr eine Anlage bauen können, in der die Wiederaufarbeitung 3000 DM/kg kostet. Diese Zahl veröffentlichte, ebenfalls im Februar 1984, der DWK-Chef Scheuten. Sie basiere auf Investitionskosten für die Anlage von rund 4 Milliarden DM (Preisstand 1980) und 350 t Jahresdurchsatz und führe zu einer Belastung der nuklear erzeugten Kilowattstunde mit etwa 1,5 Pfennig.[17] DWK-Vorstandsmitglied Salander erläuterte bei der vertraulichen Anhörung im Niedersächsischen Landtag, daß in den magischen vier Milliarden DM «nicht die während der Bauzeit anfallenden Zinsen, die Versicherungen, die Kosten der Inbetriebnahme und die Kosten für die Anlage zur Mischoxyd-Brennelement-Fertigung sowie die bauherrnseitigen Nebenkosten enthalten» seien, weil «zu viel Ungewißheit über die wirkliche Bau- und Inbetriebnahmezeit» und sonstige Randbedingungen herrsche. Er schätze ein «Investitionsvolumen für die gesamte Anlage plus all dieser Nebenkosten, das in der Größenordnung von 6 bis 8 Milliarden DM liegen wird.»[18]

Die zu der Anhörung geladenen Kritiker sprachen von 12 Milliarden DM Investitionsvolumen. Am 13. 6. 84 nannte Regierungssprecher von Poser vor der Landespressekonferenz in Hannover ein Investitionsvolumen von etwa zehn bis elf Milliarden DM. Laut Pressedienst ap/dpa «erklärte Poser, diese Kosten habe die DWK mitgeteilt; er könne nicht sagen, wodurch sich die Gesamtkosten innerhalb weniger Monate mehr als verdoppelt hätten». Die DWK teilte laut Pressedienst ergänzend mit, «die zehn bis elf Milliarden seien als volkswirtschaftlicher Gesamtpreis zu verstehen. Dieser enthalte alle nur denkbaren und möglichen Werte». Von Poser jedenfalls freute sich ob dieser Zahl auf «den wirtschaftlichen Aufschwung im Zonenrandgebiet».

Bis dieses Buch erscheint, wird es wieder neue Nachrichten geben. Im Herbst sollen das Konsortium Uhde/Lurgi und die Kraftwerk Union Angebote für den Bau der WAA abgeben. Dann, so darf man annehmen, wird wieder eine Zahl kreiert, an der man so eisern festhält, wie bis vor kurzem an den magischen vier Milliarden DM. Im

Jahr 2000 wird man, vielleicht, wissen, was die Wiederaufarbeitung kostet.

Allerdings hängen die Kosten in starkem Maße von den in die WAA eingebauten Sicherheitsvorkehrungen ab. Das Problem ist hier, daß durch die chemische Auflösung des nuklearen Brennstoffs das radioaktie Inventar all der Kernkraftwerke, die von einer Wiederaufarbeitungsanlage «entsorgt» werden, in gasförmiger und flüssiger Form freigesetzt wird. Sowohl die französischen als auch die englischen Wiederaufarbeitungsanlagen entlassen davon schon bei Normalbetrieb schier unvorstellbare Mengen ins Meer; dazu kommen die bei Pannen auftretenden skandalösen Überdosen, die periodisch immer wieder sowohl im französischen La Hague als auch im britischen Windscale* aufgedeckt wurden.

Mangels Meer wird die DWK mehr in Rückhaltetechnik für flüssige Abfälle investieren müssen, was sich in höheren Wiederaufarbeitungskosten niederschlägt. Um die Kosten zu senken, sind einst vorgesehene Rückhaltemaßnahmen für gasförmige Radionuklide (Krypton-85 und Kohlenstoff-14) gestrichen worden. Das hat die deutsche Strahlenschutzkommission (SSK) nun auch mit der Begründung gebilligt, wegen des gegenüber den Planungen der siebziger Jahre geringen Zubaus an Kernkraftwerken bleibe die Strahlenexposition der Bevölkerung durch diese Nuklide unbedenklich. Für die Zukunft forderte sie aber, ein Rückhalteverfahren bis zur Reife zu entwickeln.[19]

Plutonium-Rückführung

Während in Frankreich das bei der Wiederaufarbeitung des Leichtwasserbrennstoffs gewonnene Plutonium ausschließlich für den Einsatz in Brütern reserviert werden soll, war in Deutschland stets – für eine längere Übergangszeit bis zur Brüterwirtschaft – eine Rückführung dieses Plutoniums in Leichtwasserreaktoren vorgesehen. Dazu

---

* Windscale ist das englische Wiederaufarbeitungszentrum. Zur Zeit wird dort nur eine militärische Anlage für Gas-Graphit-Brennstoff betrieben, nachdem die erste Anlage für die Wiederaufarbeitung von Leichtwasserbrennstoff wegen radioaktiver Verseuchung der Umgebung geschlossen wurde. Die zahlreichen Skandale haben den Namen Windscale so diskreditiert, daß die dort jetzt geplante Anlage für Leichtwasserbrennstoff kurzerhand in Sellafield umbenannt wurde. Am 23. 7. 84 wurde der Bericht einer von der britischen Regierung eingesetzten Ärztekommission publik, der eine enorme Häufung von Blutkrebs, insbesondere bei Kindern, in der Umgebung bestätigt, vorläufig aber nicht ausschließen will, daß dies auch andere Ursachen als die dort freigesetzte Radioaktivität haben könnte.

wird es mit Natururan und mit dem ebenfalls bei der Wiederaufarbeitung gewonnenen Resturan zu sogenannten Mischoxyd-Brennelementen (MOX) verarbeitet.

Das Resturan (etwa 95% des Urangehalts der unbestrahlten Brennelemente) hat normalerweise einen geringfügig höheren Gehalt an spaltbarem (zur Energieerzeugung nutzbarem) Uran (0,8% U-235) als das Natururan (0,71% U-235), ist aber im Gegensatz zum Natururan so radioaktiv (wegen des Gehalts an den Uranisotopen U-232 und U-236), daß es nicht ohne Strahlen-Abschirmung verarbeitet werden kann. Es kann zwar im Prinzip – wie das Natururan – in einer Anreicherungsanlage mit spaltbarem Uran angereichert werden und so zu Uranbrennelementen – statt zu MOX-Elementen – verarbeitet werden. Der Aufwand für die dazu notwendigen Abschirmungsmaßnahmen wird aber wirtschaftlich nicht durch die dabei erzielbare Einsparung an Natururan gerechtfertigt. Zwar könnte durch Verwendung und Wiederanreicherung des Resturans der Natururanbedarf des Leichtwasserreaktors um etwa 15% gesenkt werden. Dies ist aber kein wirtschaftlich gangbarer Weg. Statt dessen kann das Resturan mit Plutonium, dessen Hantierung ohnehin Schutzvorrichtungen erfordert, verarbeitet werden, wobei der Gehalt des MOX-Brennelements an spaltbarem Plutonium die Anreicherung des Urans mit spaltbarem U-235 ersetzt. Wieviel Uran und Urantrennarbeit bei vollständiger Rückführung des abgebrannten Leichtwasserbrennstoffs – Plutonium und Resturan – im System des Leichtwasserreaktors mit Wiederaufarbeitung eingespart werden kann, hängt von vielen Faktoren ab: der Mischung von Druck- und Siedewasserreaktoren, dem Brennstoffmanagement (Abbrand), der Abreicherung (tails assay) in der Anreicherungsanlage. Darüberhinaus wird diese Frage zu einem komplexen Problem, wenn man nicht ein statisches Leichtwassersystem betrachtet, sondern ein in der Größe veränderliches, weil die Rückführung mit einer zeitlichen Verzögerung erfolgt: bei der gegenwärtigen Planung in Deutschland wird – insbesondere infolge der Zwischenlagerung der Brennelemente zur «Abkühlung» vor der Wiederaufarbeitung – mit einem Zeitraum von 12 Jahren zwischen der Entnahme des Brennstoffs aus dem Reaktor und seiner Rückführung gerechnet (Ex-Core-Zeit). Hinzu tritt die Frage, wie oft man das (mit dem Neutronengift U-236 versetzte) Resturan zurückführen kann.

Die Komplexität dieses Problems bietet reichliche Nahrung für einen Streit zwischen Kritikern der Wiederaufarbeitung – die etwa 15% Natururaneinsparung nennen – und Befürwortern, die etwa 30% nennen. Der Streit geht um des Kaisers Bart; ökonomisch ist er bedeutungslos. Er wird geführt wegen des Symbolwerts der «Primärenergieeinsparung» oder «Ressourcenschonung», wie die Einsparung an Natururan auch genannt werden kann.

Welche Bedeutung diesem frommen Argument in der Praxis zukommt, zeigt schon ein Blick auf die Urananreicherung: Die jederzeit machbare Senkung des U-235-Gehaltes im abgereicherten Uran von beispielsweise 0,25% auf 0,1% würde den Natururanverbrauch der Leichtwasserreaktoren um etwa 25% reduzieren. Das würde allerdings die Anreicherung verteuern, was sich in einer Erhöhung der Stromkosten um etwa 0,1 Pf/kWh niederschlägt. Deshalb geschieht das selbstredend nicht. In der energiewirtschaftlichen Praxis spielt die Schonung der natürlichen Ressourcen lediglich *eine* Rolle: als Argument, wenn dies gerade paßt. Wir können uns also nun getrost der Frage zuwenden, wie die Plutoniumrückführung – unter diesem Begriff wollen wir die Rückführung des Plutoniums und Resturans zusammenfassen – betriebswirtschaftlich ausgeht. Diese Frage führt auf eine weitere «Kostenexplosion».

Die Fabrikation der normalen Brennelemente aus angereichertem, unbestrahltem Uran ist zwar technisch anspruchsvoll, aber ansonsten nicht mit nuklearspezifischen Problemen belastet. Die Fabrikation ist ausgereift, ihre Kosten sind unstrittig. Die Kostenstudie des Öko-Instituts[20] geht ebenso von Fabrikationskosten um 500 DM/kg Uran aus, wie die Studien der Kernenergiebefürworter[21] – das ist also ein Bruchteil der Kosten für die Wiederaufarbeitung und entspricht einer Belastung der nuklear erzeugten Kilowattstunde mit lediglich 0,2–0,25 Pfennig. Die derzeit genannten Kosten der Fabrikation von Plutonium-Mischoxyd-Elementen liegen um etwa einen Faktor 10 höher. Das heißt, allein die *Fabrikation* eines Mischoxyd-Elements (ohne Berechnung von Kosten für den enthaltenen Brennstoff) verursacht mehr als doppelt so hohe Kosten wie die Herstellung eines normalen Brennelements – Natururan, Anreicherung und Fabrikation, alles eingeschlossen.

Wenn das so bliebe, dann wäre es für die Stromverbraucher offenbar billiger, wenn die wertvollen Ressourcen Resturan und Plutonium «weggeworfen» würden. Statt die hohen Kosten der Wiederaufarbeitung – deren einziges Ziel ja die Gewinnung des Plutoniums und Resturans ist – zu entlasten, werden sie durch die Wiederverwendung (Rückführung) zusätzlich belastet.

Die Ursache dieser hohen Kosten ist nicht so sehr in der Radioaktivität des Gemischs aus Resturan und Plutonium, sondern vielmehr in der enormen Toxizität des Plutoniums zu suchen. Sie verkompliziert die an sich schon technisch anspruchsvolle Brennelementfabrikation drastisch. Da schon Spuren von Plutonium tödlich wirken können, muß die Fabrikation fernbedient in absolut dichten Behältern erfolgen. Hinzu kommen aufwendige Sicherheitsmaßnahmen (Verbunkerung), um das gefährliche Plutonium gegen Diebstahl (durch Nuklearterroristen oder Agenten fremder Länder) zu sichern und zu verhindern, daß es durch Pannen oder Katastrophen (Flugzeugabsturz etc.) in die Umgebung gelangen könnte.

In Deutschland ist die Firma ALKEM in Hanau, einst eine Gründung der chemischen Industrie, später mehrheitlich der Kraftwerk Union einverleibt, für die Entwicklung und Fabrikation von Mischoxyd-Brennelementen zuständig. Sie ist das einzige deutsche Unternehmen für diesen Zweck, und dieser Zweck ist ihr einziger. Da die Technologie der Mischoxyd-Fabrikation und die Produktionsanlagen für Leichtwasser- und Brüterbrennelemente gleich sind, ist die ALKEM für beides zuständig. Sie ist der Produzent der Brennelemente für den Brüter in Kalkar und hat auch bereits seit den 60er Jahren MOX-Elemente für Leichtwasserreaktoren produziert. Es ist vorgesehen, aber offenbar noch nicht endgültig entschieden, daß sie auf das Gelände der deutschen WAA umsiedelt; die Entscheidung soll 1986 fallen[22].

1972 war im 4. Atomprogramm der Bundesrepublik für die Jahre 1973–77 zur Plutoniumrückführung u. a. zu lesen, die Firma ALKEM habe «mit staatlichen Mitteln eine automatisierte PU-Verarbeitungsanlage entwickelt und aufgebaut»[23]. 1977 vermeldete das BMFT im anschließenden «Programm Energieforschung und Energietechnologie 1977–1980»:

«Die Herstellung PU-haltiger Brennelemente ist wegen der Radiotoxizität des Plutoniums und wegen des notwendigen Umgangs mit großen Mengen offener radioaktiver Substanzen sehr aufwendig. Diese Technologie ist jedoch in den letzten Jahren soweit entwickelt worden, daß die Bundesrepublik hier eine führende Stellung einnimmt. Dennoch sind im Hinblick auf die Übertragung in den großtechnischen Maßstab noch weitere Entwicklungsarbeiten notwendig... vor allem zur Verbesserung der Wirtschaftlichkeit und Erhöhung der Verfügbarkeit der Fertigung... Die im LWR-System entwickelten Rückführungstechnologien schaffen die technologische Basis für den späteren Schnellbrüter-Kreislauf.»[24]

Auch im anschließenden «Zweiten Programm Energieforschung und Energietechnologien» von 1982 ist unter «Brennstoffrückführung» zu lesen: «Bei der Rezyklierung in Leichtwasserreaktoren kann die Bundesrepublik als weltweit führend angesehen werden.» Auch in diesem, derzeit gültigen, Programm gilt die MOX-Fabrikation der ALKEM als Entwicklung, die weiterhin staatlich finanziert wird.[25]

Die Bundesregierung, genauer die zuständige Ministerialbürokratie, hat also der Firma ALKEM in den sechziger Jahren eine Fabrik zur Herstellung von Plutonium-Brennelementen finanziert und finanziert seitdem auch deren Betrieb als «Entwicklung», offenbar doch wohl, weil diese Fabrik, obwohl «weltweit führend», aus den technisch bedingten, in Kosten resultierenden Problemen nicht herauskommt. Nun würde wohl keine Ministerialbürokratie den Aufbau einer Fabrik mit Steuermitteln finanzieren in der Absicht, auch ihren Betrieb noch über Jahrzehnte zu subventionieren. Man hat sich also, wie auf so vielen Gebieten der Kernenergienutzung, hinsichtlich der Kosten der MOX-Fabrikation getäuscht, weil die technischen Probleme unterschätzt wurden. Man kann die Sache aber auch nicht abbrechen, denn dann wäre die berüchtigte Verschwendung von Steuergeldern offenkundig. Also muß eine Perspektive her: der «Durchbruch» zur großtechnischen MOX-Fabrik, die das in der geplanten Wiederaufarbeitungsanlage gewonnene Plutonium (ressourcenschonend) in Leichtwasserreaktoren zurückführt. Wohin sollte man sonst mit diesem enorm giftigen, noch dazu bombenträchtigen Plutonium, wo doch die zu Beginn des MOX-Abenteuers noch für eine nahe Zukunft erhoffte Nutzung des Plutoniums in Brütern inzwischen in weite Ferne gerückt ist?

Die Plutonium-Rückführung in Leichtwasserreaktoren ist also einerseits eine Enttäuschung, andererseits aber mit anderen Enttäuschungen im Rahmen der Kernenergienutzung so verkettet, daß sie nunmehr, solange man an der Wiederaufarbeitung festhält, für diese unentbehrlich geworden ist, koste sie, was sie wolle.

1972 hieß es noch im 4. Atomprogramm: «Der technische Fertigungsaufwand und die geringen Durchsätze bedingen zur Zeit noch doppelt so hohe Fabrikationskosten wie bei Uranbrennstoffen.»[26] Bald danach hatten «doppelt so hohe Fabrikationskosten» nichts mehr mit «geringen Durchsätzen» zu tun, sondern galten als erstrebenswertes Endziel in MOX-Fabriken großer Kapazität. So wurden z. B. in der deutschen Brüterstrategie-Studie von 1975 die langfristig zu erwartenden Fabrikationskosten für MOX-Brennelemente um den Faktor 2,2 höher angesetzt als die für Uranelemente.[27] Auf dem Statusseminar des BMFT zur «Rezyklierung» wurden 1981 langfristige MOX-Fabrikationskosten genannt, die etwa um einen Faktor drei über den Fabrikationskosten für Uranelemente liegen.[28]

Zuletzt informierte W. Stoll, der technische Geschäftsführer der ALKEM, die Fachöffentlichkeit über die Kosten der Fabrikation von Plutoniumelementen für Leichtwasserreaktoren anhand des in unserer Abbildung 5 (rechts oben) reproduzierten Diagramms.[29] Wir haben dieses im doppelt-logarithmischen Maßstab gezeichnete Diagramm außerdem in der Abbildung 5 noch einmal im normalen linearen Maßstab nachgezeichnet. Die Fabrikationskosten sowohl für MOX-Elemente als auch für normale (UO₂) Brennelemente erscheinen dort als Funktion der Kapazität der Brennelementfabriken für MOX bzw. UO₂, die gemessen ist an der gesamten Leistung (in GW) jenes Systems von Leichtwasser-Reaktoren, dessen Plutoniumproduktion von diesen Fabriken verarbeitet werden kann.

Auf der Kurve für Plutonium-Brennelemente soll der höhere der beiden Punkte die derzeitigen Kosten der MOX-Fabrikation der ALKEM anzeigen, deren Kapazität zufolge dem Diagramm ausreicht, das Plutonium aus Leichtwasser-Kraftwerken von etwa 2 GW Leistung (entsprechend zwei großen Kraftwerken zu je 1000 MW) zu verarbeiten. Der Punkt markiert diese Kosten zu etwa 5700 DM/kg. Der niedere, ausgefüllte Punkt bezeichnet den «break-even-point» bei 2200 DM/kg. Das sind die spezifischen Kosten des normalen Leicht-wasser-Brennstoffs – also die Kosten des Natururans, der Anreiche-rung und der Brennelementfabrikation. Wenn die Fabrikationskosten der MOX-Elemente diesen Wert erreichen, dann lohnt sich eine Pluto-nium-Rückführung in Leichtwasserreaktoren, sofern das verwendete Plutonium und Uran den Wert 0 haben. Die jetzigen MOX-Fabrika-tionskosten von 5700 DM/kg muß man zwar auf 2200 DM/kg herun-tersubventionieren (also 3500 DM/kg Verlust ausgleichen). Das Dia-gramm zeigt aber: Wenn die jetzige Produktionskapazität der ALKEM auf das Vielfache erhöht würde, so daß sie das Plutonium aus Leichtwasserreaktoren von insgesamt 8 GW Leistung verarbeitet, dann sinken die MOX-Fabrikationskosten um den Faktor 2,6 auf den break-even-point von 2200 DM/kg.

Bei noch höherer Kapazität der Plutoniumverarbeitung sinken die Kosten weiter. Die geplante deutsche Wiederaufarbeitungsanlage würde bei Erreichen ihrer nominellen Kapazität von 350 t/a den Brennstoff von etwa 13 GW an Leichtwasserkraftwerken aufarbeiten können, entsprechend etwa allen heute in der Bundesrepublik instal-lierten Kernkraftwerken. Wenn die künftige, in Verbindung mit der WAA und auf deren Gelände geplante Fabrik dieser Kapazität ange-paßt wird, dann würde sie entsprechend dem Diagramm (bei 13 GW) zu etwa 1800 DM/kg produzieren, also zu 400 DM/kg unter dem break-even-point. Wir wollen diesen Angaben des Geschäftsführers der ALKEM einmal gutgläubig vertrauen. Was hieße das für die Wirtschaftlichkeit der geplanten WAA?

Grob gerechnet entstünden aus 4–5 Kilogramm wiederaufgearbei-teten Brennstoffs bei der ALKEM ein Kilogramm MOX-Brennstoff.

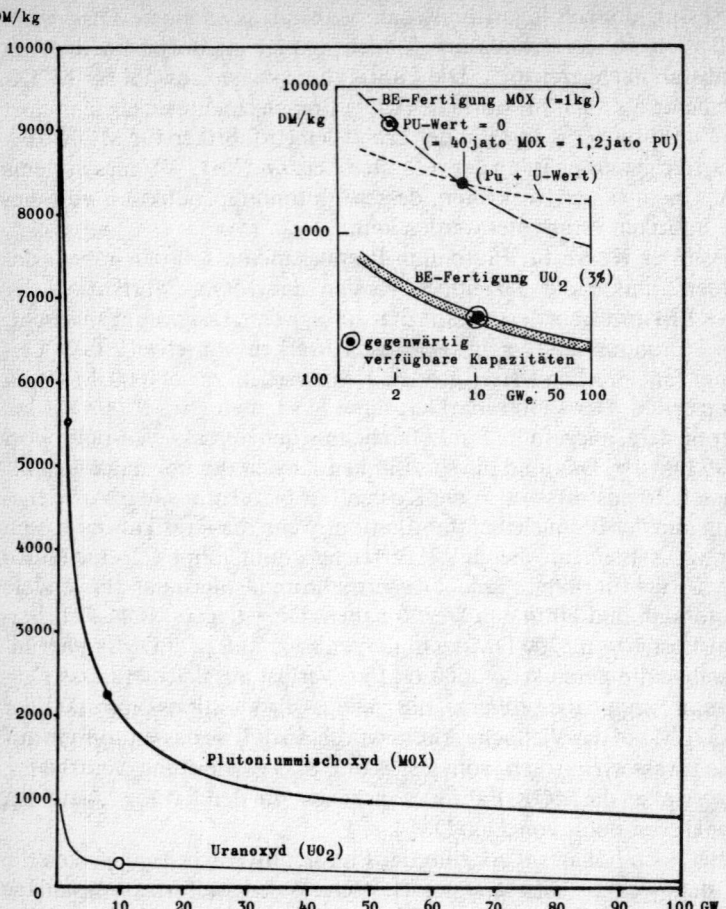

Quelle: Stoll 1983

Abb. 5 Brennelementfertigungskosten für Uranoxyd (UO₂) und Plutonium-
mischoxyd (MOX) nach Stoll

Im Verhältnis zu den Kosten normaler Uranbrennelemente entstünde dabei nach Stoll ein Überschuß von 400 DM, also von 80–100 DM bezogen auf das Kilogramm aufgearbeiteten Brennstoffs. Dessen Aufarbeitung kostet laut DWK 3000 DM/kg. Somit könnten also etwa 3% der Kosten der Wiederaufarbeitung durch die Wiederverwendung des dabei gewonnenen Reaktor-Brennstoffes gedeckt werden.

Wohlgemerkt, wir haben hier weder die Kostenangaben der DWK noch die der ALKEM bezweifelt – wobei Stoll selbst im gleichen Aufsatz, dem die hier berichteten Angaben entstammen, nicht die offizielle DWK-Zahl von 3000 DM/kg für die Wiederaufarbeitung verwendet, sondern die unter Fachleuten kursierenden 5000 DM/kg, von denen selbst der SPIEGEL im vergangenen Jahr bereits berichtete.[30]

Wir lassen die Frage beiseite, ob denn die kühne Vorhersage Stolls über die Degression der MOX-Fabrikationskosten bei steigender Fabrikationskapazität wohl dieses Mal zutreffen wird – wie berechtigt auch diese Frage erscheinen mag im Licht der oben berichteten, langjährigen Geschichte der MOX-Kosten-Vorhersagen. Es ist ziemlich gleichgültig, ob die Plutonium-Rückführung die Kosten der Wiederaufarbeitung um 3% senken wird, oder ob sie sie auch in Zukunft zusätzlich belastet. Solange die Beschaffung der kompletten Uran-Brennelemente zu den von Stoll angegebenen Kosten von 2200 DM/kg möglich ist, könnte die Plutonium-Rückführung selbst bei Null-Fabrikationskosten der MOX-Brennelemente lediglich etwa 500 DM/kg aufgearbeiteten Urans einspielen – also nur einen kleinen Bruchteil der Kosten der Wiederaufarbeitung.

Ein drastisches Sinken der Kosten der Plutonium-Brennelement-Fabrikation unter die Kosten der Beschaffung der kompletten Uran-Brennelemente ist zwar die notwendige Bedingung dafür, daß die Plutoniumrückführung nicht auch noch auf Dauer zusätzlich zur Wiederaufarbeitung subventioniert werden muß. Aber einen merklichen Beitrag zur Wirtschaftlichkeit der Wiederaufarbeitung könnte die Plutonium-Rückführung prinzipiell nur leisten, wenn die Kosten für die Beschaffung der Uranbrennelemente – von denen ein Teil durch die Plutoniumrückführung ersetzt werden könnte – in Zukunft drastisch auf ein Vielfaches der heutigen steigen würden. Die Kosten für die Beschaffung der Uranbrennelemente setzen sich zusammen aus den Kosten für Anreicherung, für Brennelementfabrikation und für das Natururan. Es ist keinerlei Grund erkennbar dafür, daß auch nur eine unter diesen drei Kostenarten in den nächsten Jahrzehnten dramatisch ansteigen könnte.

Die direkte Endlagerung

Bis Anfang der siebziger Jahre galt die Wiederaufarbeitung der Leicht-wasser-Brennelemente als unproblematisch. Ihre Kosten wurden in der Größenordnung von wenigen 100 DM/kg angesetzt, die Wirt-schaftlichkeit stand außer Frage. Das Fiasko der drei als kommerziell geltenden Anlagen erregte dann Besorgnis und lenkte die Aufmerk-samkeit auf die Probleme der «Entsorgung», die gleichwohl mit der Wiederaufarbeitung gleichgesetzt wurde. Im Januar 1976 fand in Mainz erstmalig in der Bundesrepublik ein großes Symposium zur «Entsorgung in der Kerntechnik» statt. Dort rechnete H. Mandel – seinerzeit unumstritten *die* deutsche Kernenergie-Autorität – vor, daß die Wiederaufarbeitung, deren Kosten er (einschließlich Konditionie-rung der Abfälle) mit 810 DM/kg bezifferte, nicht ganz durch den Erlös der Plutoniumrückführung gedeckt werde, wobei er nur gering-fügige Mehrkosten für die Fabrikation der Plutonium-Brennelemente gegenüber Uran-Brennelementen (170 DM/kg) ansetzte. Die unge-deckten Kosten seien aber sehr gering und stellten die Wiederaufarbei-tung nicht in Frage, die ja auch zur Gewinnung des Plutoniums für Schnellbrüter unverzichtbar sei.[31]

Bis dahin wurde die Möglichkeit der direkten Endlagerung prak-tisch nicht beachtet. Das änderte sich mit dem Amtsantritt Präsident Carters, der der Wiederaufarbeitung wegen der Atomwaffen-Prolife-rationsgefahr Widerstand entgegensetzte. Seitdem werden in den USA Untersuchungen zur direkten Endlagerung durchgeführt, die bisher weltweit als die umfangreichsten gelten. Auch aus Kanada und Schwe-gen liegen umfangreiche Untersuchungen vor. In Frankreich war die direkte Endlagerung tabu bis die von der Regierung Mauroy im Herbst 1981 eingesetzte Kommission unter Vorsitz von R. Castaing zur Untersuchung der Entsorgungsprobleme in ihrem Bericht vom Dezember 1982 forderte, sie als Alternative zu untersuchen. In Schwe-den wurde 1978 die direkte Endlagerung als Entsorgungsweg festge-legt, später durch Gesetz bestätigt.[32]

In der Bundesrepublik führte die Gorleben-Krise zu dem Beschluß der Regierungschefs von Bund und Ländern vom September 1979, der forderte, daß «auch andere Entsorgungstechniken, wie z. B. die direkte Endlagerung von abgebrannten Brennelementen ohne Wiederaufar-beitung auf ihre Realisierbarkeit und sicherheitstechnische Bewertun-gen untersucht» werden. Dies solle so zügig geschehen, «daß ein ab-schließendes Urteil darüber, ob sich hieraus sicherheitsmäßige Vorteile ergeben können, in der Mitte der siebziger Jahre möglich ist».

Daraufhin wurde das Kernforschungszentrum Karlsruhe mit der

Federführung für ein Projekt «Andere Entsorgungstechniken» beauftragt. Nach Vorbereitungen begannen die Untersuchungen im Rahmen dieses Projekts im Jahr 1981; im Dezember 1984 soll ein Ergebnisbericht vorgelegt und auf einem Symposium präsentiert werden. Das vierjährige Projekt wird mit etwa 60 Millionen DM finanziert. Demgegenüber sieht allein der diesjährige Haushalt des Bundesforschungsministeriums (einschließlich des Karlsruher Etats) etwa 150 Millionen DM für die Wiederaufarbeitung vor, einschließlich Abfallkonditionierung und Plutoniumrückführung.

Die direkte Endlagerung ist also bisher in der Bundesrepublik im Verhältnis zur Wiederaufarbeitung mit insgesamt außerordentlich geringem Aufwand untersucht worden; im wesentlichen handelte es sich um Konzeptstudien. Das ausgewählte Konzept sieht vor, komplette Brennelemente, alternativ dazu die in einzelne Brennstäbe zerlegten Brennelemente, in Behältern zu verschließen und im Endlager einzulagern. Das eigentliche Problem ist dabei, die absolute Dichtigkeit des Behälters für mehrere hundert Jahre (500 Jahre absolut dichter Einschluß) zu gewährleisten.

Der Weg der abgebrannten Brennelemente ist für die beiden Alternativen – Wiederaufarbeitung und direkte Endlagerung – der gleiche bis zur Entnahme aus dem Zwischenlager, von denen eins in Gorleben fertiggestellt und das andere in Ahaus im Bau ist. Dann werden sie entweder zur Wiederaufarbeitungsanlage transportiert, die eine Anlage zur Konditionierung des Abfalls für die Endlagerung einschließt, oder sie werden in der Konditionierungsanlage für die direkte Endlagerung in Behältern versiegelt.

Das Endlager ist wieder für beide Wege das gleiche; beide Wege benötigen auch etwa – wenn die Endlagerung in Gorleben realisiert wird – das gleiche Salzstockvolumen. Zwar ist das Gesamtvolumen der in Blöcken (teils in verglaster, teils in zementierter oder in Bitumen eingeschlossener oder mit einem Bindemittel verpreßter Form) angelieferten Abfälle aus der Wiederaufarbeitung um ein Vielfaches größer als das der Behälter, in denen die Brennelemente direkt angeliefert werden – weil die mittel- und schwachaktiven Abfälle ein sehr großes Volumen aufweisen.* Für das benötigte Gesamtvolumen des Salzstocks ist aber die Wärmeentwicklung des Abfalls entscheidend. Diese ist beim Abfall aus der Wiederaufarbeitung geringer, weil er kein Plutonium und daher insgesamt etwas geringere Mengen an Radioaktivität enthält als die direkt gelagerten Brennelemente.

Die wesentlichen Unterschiede der beiden Varianten sind also
– *über Tage* in einem Fall die gesamte Wiederaufarbeitung ein-

---

* Es werden Faktoren zwischen 5 und 100 für den Volumenunterschied genannt.

schließlich Konditionierung, im anderen Fall lediglich die Konditionierung

– *unter Tage* der Plutoniumgehalt der direkt gelagerten Brennelemente.

Die enorme Sicherheitsproblematik der Wiederaufarbeitung fällt bei der direkten Endlagerung praktisch ersatzlos fort. Vor allem wird kein Plutonium freigesetzt; es kann weder in die Umgebung gelangen, noch kann es für die Atomwaffenproduktion abgezweigt oder entwendet werden. Zum Aspekt der Sicherheit *über Tage* formulierte das für die Wiederaufarbeitung zuständige Mitglied des Vorstandes des Karlsruher Zentrums, Prof. Böhm, dem auch das Projekt «Andere Entsorgungstechniken» untersteht, anläßlich eines Symposiums im Juni 1983:

«Bezüglich der Sicherheitsaspekte der übertägigen Anlagen ist ein Vergleich schwer, weil wir es auch hier mit einem sehr unterschiedlichen Entwicklungs- bzw. Untersuchungsstand zu tun haben. Unabhängig davon, daß unter Fachleuten kein Zweifel am sicheren, risikoarmen Betrieb der Anlagen besteht, ist aber allgemein akzeptiert, daß die Sicherheitsprobleme bei der Wiederaufarbeitung aufgrund der größeren Zahl von Prozeßschritten größer sind als zumindest bei den erstgenannten Verfahren der BE-Konditionierung. Zu einer mehr quantitativen Aussage bedarf es jedoch noch umfangreicher Sicherheitsanalysen.»[33]

Die Sicherheitsprobleme der Wiederaufarbeitung lösen sich bei dieser Darstellung in Luft auf. Wie könnte es auch anders sein, wo doch seit eh und je der Brüter, für den die Wiederaufarbeitung Voraussetzung ist, und die Wiederaufarbeitung selbst die bedeutendsten Karlsruher Projekte sind und die Identität des Kernforschungszentrums stiften.

Zu dem gewichtigsten Aspekt, der Möglichkeit, das Plutonium für die Herstellung von Atomwaffen zu verwenden, sagte Böhm: «Ein paar Worte zum Proliferationsaspekt, der zur Zeit Präsident Carters das wichtigste Argument gegen die Wiederaufarbeitung war. Ganz abgesehen davon, daß die Ergebnisse von INFCE in diesem Punkt zu einer deutlichen Entspannung geführt haben, besitzen beide Entsorgungsvarianten Vorteile und Nachteile, je nachdem, ob man den Safeguards-Aspekt unter kurzfristigen (Betrieb einer WAA) oder langfristigen Perspektiven betrachtet.»

Auch hier ist der Tenor: herunterspielen. Einer Plutonium-Wirtschaft, die das Plutonium, den wohl gefährlichsten aller Stoffe, beständig jährlich tonnenweise freisetzt, hantiert und in handhabbarer Form lagert, wird auf dem heruntergespielten Niveau das unter Tage in den direkt gelagerten Brennelementen befindliche, in einer Urankeramik gebundene Plutonium als gleichwertige Gefahr gegenübergestellt.

Die Endlagerung ist ein überaus scheußliches, neben der Wiederaufarbeitung wohl das scheußlichste Problem der zivilen Atomtechnik. Daran verbessert die direkte Endlagerung nichts, im Gegenteil: sie verschlimmert es noch durch den Plutoniumgehalt des Abfalls. Gleichwohl ist sie hinsichtlich der Atomwaffenproliferation mit der Wiederaufarbeitung nicht vergleichbar. Zum einen wäre es ein gigantisches Unternehmen, die Brennelementbehälter wieder aus ihren warmen Bohrlöchern im Salzstock ans Tageslicht zu befördern. Zum anderen aber käme man auch dann ohne eine Wiederaufarbeitungsanlage nicht an das Plutonium heran.

Böhms Schlußfolgerung bei Vergleich der beiden Alternativen lautet: «Die Möglichkeit, mit Hilfe schneller Brutreaktoren die Energieversorgung auf lange Zeit sicherzustellen, wird dazu führen, daß Brutreaktoren und Wiederaufarbeitung langfristig in vielen Ländern eine wichtige Rolle spielen werden.» Eine direkte Endlagerung sei «zumindest in geringem Umfang der geeignete Weg der Entsorgung für bestimmte Brennelemente, deren Wiederaufarbeitung aus technischen oder ökonomischen Gründen unzweckmäßig ist». Böhm empfiehlt sie zudem «Ländern, deren Kernenergieproduktion zu klein ist, um eine eigene Wiederaufarbeitungsanlage zu betreiben».

Die derzeitige Sprachregelung der Atomgemeinde zu den Entsorgungsalternativen geht im wesentlichen aus Böhms Vortrag hervor. Hinzu kommt der obligate Hinweis darauf, die Wiederaufarbeitung einschließlich deren Abfallkonditionierung stünde als erprobte Technologie zur Verfügung, die direkte Endlagerung hingegen nicht. Daher, so formulierte es der ALKEM-Geschäftsführer, empfiehlt sich die Wiederaufarbeitung «als der von beiden Wegen besser überschaubare».[34]

Was von der Erprobtheit der Wiederaufarbeitung zu halten ist, habe ich bereits dargelegt, so weit das im Rahmen dieses kurzen Kapitels möglich ist. Bei der direkten Endlagerung handelt es sich um die Konzeption und Erprobung von Behältern: gewiß ein äußerst ernstzunehmendes Problem, aber technisch nicht vergleichbar mit den Problemen der Wiederaufarbeitung. Zudem ist aber auch die Konditionierung der Abfälle aus der Wiederaufarbeitung keinesfalls als endgültig gelöst anzusehen. Angesichts dieser Sachlage spricht es für sich, wenn zur Rechtfertigung der Wiederaufarbeitung das Argument herangezogen werden muß, sie sei der «besser überschaubare Weg». Einer der amerikanischen Befürworter der Endlagerung von Brennelementen, Frank von Hippel, faßte 1981 als Gutachter vor dem zuständigen

Ausschuß des amerikanischen Kongresses den Stand der Erkenntnis so zusammen: Im Verhältnis zur Wiederaufarbeitung mit anschließender Endlagerung sei die Dauerlagerung der Brennelemente technisch einfach, unproblematisch im Hinblick auf die Sicherung des Plutoniums und mengenmäßig leichter handhabbar.[35]

Jedenfalls könnte die geplante, deutsche Wiederaufarbeitungsanlage ohnehin vor dem Jahr 2000 keinen nennenswerten Anteil der bis dahin aus den deutschen Kernreaktoren entladenen etwa 10 000 Tonnen Brennstoff aufarbeiten. Das Endlager in Gorleben kann kaum vorher betriebsbereit sein. Wären auch bis dahin die Behälter für die direkte Endlagerung noch nicht anwendungsreif entwickelt, so ergäben sich verschiedene Möglichkeiten, zum Beispiel ein Ausbau der Zwischenlagerung. Man könnte sich zur Beschleunigung der Entwicklung den Vorsprung anderer Länder, insbesondere Schwedens und der USA, durch Kooperation zunutze machen: in den USA sind bereits erste Versuche der Einlagerung in Behältern verpackter Brennelemente (in der Climax Mine) durchgeführt worden.

Die deutsche Atomgemeinde macht sich die Tatsache, daß sie selbst lange Zeit nichts und dann nur wenig zur Entwicklung der Technologie unternommen hat, zunutze, um die symbolbesetzte Wiederaufarbeitungsanlage mit dem Hinweis auf die Unerprobtheit der direkten Endlagerung durchzusetzen. Der Gegendruck kommt nun durch die Kosten zustande.

Böhm formulierte im Juni letzten Jahres noch wolkig: «Mit den heutzutage angenommenen Kosten zeigt sich, daß die direkte Endlagerung gewisse Kostenvorteile hat.»[36] Inzwischen hat sich herumgesprochen, daß die Kostenvorteile markant sind. Das wird auch nicht mehr ernsthaft bestritten, wenngleich bisher keine offiziellen Kostenangaben existieren, auch nicht seitens des Karlsruher Projekts. Dennoch machen Kostenangaben, insbesondere auch schwedische, die Runde.

Bei den Kostenangaben ist zu berücksichtigen, daß hier lediglich der Aufwand für die Konditionierung der direkt zu lagernden Elemente mit dem für die Wiederaufarbeitung einschließlich Abfallkonditionierung zu vergleichen ist. Bis zur Entfernung aus dem Zwischenlager entstehen bei beiden Alternativen die gleichen Kosten. Eventuelle Unterschiede der Kosten für das Endlager sind noch kaum abschätzbar, schon weil dessen Kosten noch sehr ungewiß sind. Befürworter und Kritiker der WAA sind sich aber darin einig, daß solche Unterschiede (falls es sie gibt) absolut gesehen marginale Bedeutung haben im Verhältnis zu den über Tage anfallenden Kosten.

Auch die Kosten der Konditionierung für die direkte Endlagerung haben eine «Explosions»-Geschichte. So berichtete D. Finon noch 1982, nach Sichtung der weltweit verfügbaren Kostenangaben, die direkte Endlagerung sei 5,5 bis 10mal kostengünstiger als die Wiederaufarbeitung; sie bezog sich dabei auf das damals noch sehr niedrige Niveau der offiziellen französischen Angaben über die Kosten der Wiederaufarbeitung abzüglich Plutoniumgutschrift von 1981.[37] Die in Schweden mit den Untersuchungen zur direkten Endlagerung beauftragte Gesellschaft (SBKF, eine Gründung der Elektrizitätswirtschaft) gab 1980 die Kosten für die Handhabung und Konditionierung der Brennelemente mit 0,2 Öre/kWh, entsprechend 0,07 Pf/kWh an.[38] Derzeit werden diese Kosten aber mit 1,7 Öre/kWh, entsprechend 0,6 Pf/kWh beziffert. Der Grund für die Kostensteigerung liegt in der Umstellung des technischen Konzepts. Dem Vernehmen nach sieht das in Karlsruhe ausgewählte Konzept eine kostengünstigere Lösung vor (Stahlbehälter mit Korrosionsschutz).

Der heutige Stand der Diskussion ergibt sich aus den Streitgesprächen der Gutachter bei der Anhörung im niedersächsischen Landtag am 1./2. Februar 1984. Der höchste, dort genannte Wert stammt vom DWK-Vorstandsmitglied Salander; er schätzte die Belastung der Stromkosten auf knapp 1 Pf/kWh.[39] Das würde etwa 2000 DM/kg entsprechen. Ein viel genannter Wert ist der 1983 von ALKEM-Geschäftsführer Stoll publizierte: 500 DM/kg.[40] Das wären etwa 10% der von ihm in der gleichen Publikation angesetzten 5000 DM/kg für die Kosten der Wiederaufarbeitung in der geplanten 350 t/a-Anlage der DWK.

Die stille Subventionierung des Startkapitals für den Brüter

Wir können nun beurteilen, was der Einstieg in die Plutonium-Wirtschaft, der mit dem Bau der deutschen WAA vollzogen würde, für das Leichtwassersystem bringt: lediglich zusätzliche Kosten. Es bleibt nur ein Grund für den Vollzug dieses Einstiegs übrig: die Vorsorge für die ausgebildete Plutonium-Wirtschaft, also für die kommerzielle Nutzung der Brüter als Ablösung der Leichtwasserreaktoren. Alle anderen Gründe, die bisher vorgebracht wurden und noch weiterhin aufrecht erhalten werden, erweisen sich aus heutiger Sicht als unhaltbar.

Unter Sicherheitsaspekten wie aus ökonomischer Sicht ist die direkte Endlagerung entschieden vorteilhafter. Das Argument, die Plutoniumrückführung schone Ressourcen, erweist sich als Zweckpropaganda, wie bereits der Blick auf die Praxis der Wiederaufarbeitung lehrt. Der einzige Nachteil der direkten Endlagerung, wenn es denn einer wäre, besteht darin, den Schlüssel für die Brüterwirtschaft tief in der Erde zu vergraben.

An sich stünde mit dem Plutonium aus der mit Frankreich und England vereinbarten Wiederaufarbeitung ohnehin genug Startmaterial zum Einstieg in die Brüterwirtschaft zur Verfügung. Bis zum Jahr 2000 könnte die deutsche WAA nichts Nennenswertes dazu beitragen. Zeitlich ist kaum abzusehen, wann die aus der ausländischen Wiederaufarbeitung bezogenen Plutoniummengen für deutsche Brüter verbraucht sein könnten. Selbst wenn man den von der Brütergemeinde vorgezeichneten Brüterweg gehen wollte (also in den neunziger Jahren einen Nachfolger für den Kalkar-Brüter baute, um dann ab 2000 mit dem Zubau kommerzieller Brüterkraftwerke zu beginnen), würde es ausreichen, um das Jahr 2000 eine Entscheidung zum Bau einer deutschen Wiederaufarbeitungsanlage zu treffen.

Aber um derartige Erwägungen geht es nicht. Es geht um die WAA als Symbol. Würde dieses Symbol jetzt fallen, dann stürzte das Gebäude ein, das die Kernenergiegemeinde einst aus Verheißungen gezimmert hat. Angesichts der Kraftwerkshalden, die sich in den nächsten Jahren durch die Inbetriebnahme der bereits Mitte der siebziger Jahre begonnenen Kernkraftwerke noch erhöhen werden, ist auf lange Sicht kaum mit neuen Kernkraftwerksprojekten zu rechnen. Würde die WAA jetzt nicht gebaut, dann ist wohl an den Bau des Nachfolgers für den Brüter in Kalkar nicht mehr zu denken. Die Atomgemeinde würde arbeitslos – noch dazu für jedermann sichtbar. Der Bau der WAA ist auch – nicht nur – ein Beschäftigungsprogramm für die Atomgemeinde. Nicht zuletzt erhofft sich die Kraftwerk Union davon und vom nachfolgenden Brüter Beschäftigung für ihre Ingenieure als Ersatz für die in den nächsten Jahren auslaufenden Kernkraftwerksbauten.

Das WAA-Beschäftigungsprogramm kostet freilich immense Summen. Zehn Milliarden DM sind wohl das mindeste, was man dafür ansetzen muß. Das ist eher mehr als weniger, als die Entschwefelung und Entstickung aller deutschen Kohle-Kraftwerke erfordert – wobei die installierte Leistung der Kohlekraftwerke etwa viermal so hoch ist wie die der Kernkraftwerke. Es ist noch nicht lange her, daß sich die deutsche Elektrizitätswirtschaft erbittert gegen die Entschwefelung gewehrt hat. Seinerzeit beschwor sie unentwegt die Gefahr, die deutsche Industrie könnte ihre internationale Wettbewerbsfähigkeit infolge des – durch die Entschwefelung verursachten – Anstiegs der deutschen Strompreise verlieren.

Die mit Kohle erzeugte Kilowattstunde wird durch die Entschwefelung im Durchschnitt mit etwa 1,5 Pfennig belastet. Wie hoch wird die Belastung der nuklear erzeugten Kilowattstunde durch die Wiederaufarbeitung sein? Der DWK-Chef hatte zuletzt – immer noch auf der Basis der magischen 4 Milliarden DM Investitionskosten – 1,5 Pf/kWh publiziert.[41] Wir wollen einmal auf der Grundlage des hier vorgeführten Materials nach der Differenz der Kosten der Wiederaufarbeitung zu denen der direkten Endlagerung fragen.

Dabei können wir die Plutonium-Rückführung vernachlässigen. Vermutlich wird sie auch langfristig zusätzlich zur Wiederaufarbeitung Kosten verursachen. Bestenfalls könnte sie einen marginalen Beitrag zur Entlastung der Wiederaufarbeitung beisteuern. Es geht also nur um die Differenz der Kosten der Wiederaufarbeitung einschließlich Konditionierung der Abfälle in der deutschen WAA zu denen der Konditionierung kompletter Brennelemente für die direkte Endlagerung.

An die 3000 DM/kg der DWK als Kosten für die Wiederaufarbeitung glaubt unter den Eingeweihten wohl niemand mehr. Die von Stoll, einem (schon aus Eigeninteresse der ALKEM) entschiedenen Befürworter der WAA, veröffentlichte Schätzung von 5000 DM/kg dürfte wohl eine Untergrenze für die tatsächlichen Kosten sein. Dagegen setzen wir als Obergrenze der kursierenden Werte für die Konditionierung zur direkten Endlagerung den von der DWK (Salander) genannten an, der etwa 2000 DM/kg entspricht. Dann wären die Mehrkosten der Wiederaufarbeitung gegenüber der direkten Endlagerung mit etwa 3000 DM/kg zu veranschlagen. Das entspräche knapp 1,5 Pf/kWh; vermutlich werden es mehr.

Die nuklear erzeugte Kilowattstunde dürfte also durch den Bau der WAA etwa so stark belastet werden, wie die mit Kohle erzeugte Kilowattstunde durch die Entschwefelung. Volks- und elektrizitätswirtschaftlich sind 1,5 Pf/kWh keine Katastrophe, wie die Elektrizitätswirtschaft noch vor kurzem, anläßlich der Diskussion um die Entschwefelung, glauben machen wollte. Aber es ist auch kein Pappenstiel.

Die DWK-Anlage soll jährlich 350 Tonnen Brennstoff aufarbeiten. Wenn das etwa 3000 DM/kg Mehrkosten gegenüber der direkten Endlagerung verursacht, so ergibt sich eine zusätzliche Belastung von jährlich gut einer Milliarde DM für den Atomstrom, der aus dem wiederaufgearbeiteten Brennstoff erzeugt wurde – entsprechend etwa 1,5 Pf/kWh.

Selbstredend ist das keine Belastung der Elektrizitätswirtschaft, sondern der Stromverbraucher, an die diese Kosten weitergegeben werden können – die gegenwärtige Praxis der staatlichen Aufsicht über die monopolistische Elektrizitätswirtschaft gestattet dies. Die Elektrizitätswirtschaft stellt derzeit für die nuklear erzeugte kWh etwa einen Pfennig zur späteren Wiederaufarbeitung zurück, macht sie als Kosten im Strompreis geltend und hat das so angesammelte Kapital billig zur Verfügung. Dieser Mechanismus bewirkt paradoxerweise, daß es – rein betriebswirtschaftlich gesehen – für die Elektrizitätswirtschaft keinen Anreiz zur Senkung der Entsorgungskosten gibt. Damit will ich nicht unterstellen, daß die Elektrizitätswirtschaft an hohen Kosten der Entsorgung interessiert sei – aber der paradoxe Mechanismus existiert.

Eine Milliarde DM pro Jahr, das ist der Preis, den die Stromverbraucher für die Gewinnung des Plutoniums in der deutschen WAA zu zahlen haben. Das ist gut das Doppelte der durchschnittlichen jährlichen Subventionen für den Bau des Brüters in Kalkar. Aber diese Kosten erscheinen nicht im staatlichen Haushalt, der von den Steuerzahlern beäugt wird. Die stille Subventionierung des Startkapitals für die Brüterwirtschaft bleibt ihnen verborgen.

Die Aussichten für die wirtschaftliche Nutzung des Brüters

Zur Entwicklung des Verbrauchs von Uranvorräten

Wir hatten eingangs erwähnt, daß die OECD 1975 die im Jahr 2000 in der «westlichen Welt» (ohne Ostblock und China) installierte elektrische Kernkraftwerksleistung auf 2000 bis 2500 GW schätzte und darauf fußend einem kumulierten Bedarf von 3,1 bis 3,8 Millionen Tonnen (Mio t) Uran bis zum Jahr 2000 prognostizierte.[1] Im Jahr 1982 sagte die OECD noch einen kumulierten Bedarf von 1,1 bis 1,4 Mio t Uran bis zum Jahr 2000 voraus. Es ist aber derzeit bereits absehbar, daß bis zum Jahr 2000 nur etwa 0,5 Mio t Uran verbraucht sein werden.

Dieser Bedarf ist in verhältnismäßig engen Grenzen abschätzbar aufgrund der Statistik in Auftrag gegebener und bereits fertiggestellter Kernkraftwerke (vgl. Abb. 1). In den nächsten Jahren zusätzlich bestellte Kraftwerke könnten bestenfalls wenige Jahre vor dem Jahr 2000 in Betrieb gehen und mithin nur wenig zum bis 2000 kumulierten Uranbedarf beitragen. Zudem ist auch die Entwicklung der Statistik *bestellter* Kernkraftwerke in den nächsten Jahren einigermaßen absehbar.

In den USA werden (nach einer im Mai 1983 veröffentlichten Studie des US-Energieministeriums) noch erheblich mehr Kernkraftwerksaufträge storniert, als in der in Abb. 1 zugrunde gelegten Statistik bereits erfaßt sind. Das französische Planungsministerium teilte ebenfalls im Mai 1983 mit, die nächste Reaktorbestellung sei zufolge des «Rapport-Josèphe» frühestens 1987, vermutlich erst 1991 erforderlich, weil die Inbetriebnahme der im Bau befindlichen Kernkraftwerke in den kommenden Jahren zu hohen Überkapazitäten führen werde.*

* Vgl. Handelsblatt, Düsseldorf, 16. 5. 83: Kernkraftwerke/Rückzug in den USA und Drosselung in Frankreich. In Frankreich wird erwogen, während der 80er Jahre trotz Überkapazität ein Kernkraftwerk pro Jahr mit Rücksicht auf die Atomindustrie zu bestellen (vgl. Le Monde, Paris, 14. 5. 83) – ein augenfälliges Beispiel für den Mechanismus

Diese beiden Länder stellen zusammen fast 60% Anteil an den in der westlichen Welt bestellten, im Bau oder in Betrieb befindlichen Kernkraftwerken. In den übrigen Ländern, die noch einen nennenswerten Anteil an der Nutzung der Kernenergie haben, deuten keine Anzeichen auf eine für die Gesamtstatistik erhebliche Anzahl von Kernkraftwerksbestellungen während der nächsten Jahre hin.*

Es ist daher absehbar, daß in den neunziger Jahren in der westlichen Welt kaum mehr als die installierte Kernkraftwerkskapazität von etwa 350 Gigawatt (GW) erreicht wird, die zufolge Abb. 1 Ende 1983 als bestellt, im Bau und in Betrieb registriert wurde. Das würde bis zum Jahr 2000 zu einem kumulierten Uranverbrauch der westlichen Welt von rund einer halben Million Tonnen führen.**

Nach Schätzungen der INFCE und der OECD[2] betragen die Uranreserven der westlichen Welt in der billigsten Kostenklasse (Gewinnungskosten bis 80 $/kg) etwa 3,3 Mio t. Bis zum Jahr 2000 dürften angesichts des Verbrauchs von nur 0,5 Mio t die dann noch vorhandenen Vorräte in dieser billigsten Kostenklasse – infolge Prospektion – eher höher als derzeit geschätzt werden. Angesichts dieser Situation kann man die einstigen Planungen zur baldigen Einführung kommerzieller Brüter in allen großen Industriestaaten nur begreifen, wenn man erinnert, daß die OECD 1975 einen kumulierten Uranverbrauch von 3,1 bis 3,8 Mio t bis zum Jahr 2000 prognostizierte und dem Uranvorräte von 3,5 Mio t gegenüberstellte.[3]

Während die erwähnten, regelmäßig von der OECD-Energieagentur veröffentlichten Uranverbrauchsprognosen nur den Zeitraum bis zum Jahr 2000 umfassen, wagt die Brütergemeinde längerfristige Prognosen. Den wohl höchsten Bekanntheitsgrad hatten Ende der siebziger Jahre die – unter der Leitung W. Häfeles entstandenen – langfristigen Welt-Energie-Szenarien des Internationalen Instituts für angewandte Systemanalyse (IIASA), die (im Gegensatz zu den meisten Kernenergie-Studien) nicht nur die westliche, sondern die ganze Welt (einschließlich Ostblock und China) umfassen. Noch 1980 berichtete Häfele in der Zeitschrift «Atomwirtschaft»:

«In der IIASA-Studie wird die Obergrenze der weltweit nutzbaren Uranvorräte auf insgesamt 20 bis 25 Millionen Tonnen abge-

der atomaren Self fulfilling prophecies. Damit wird aber Frankreich nicht länger – wie bisher seit 1975 – die weltweite Statistik der Kernkraftwerke erheblich stützen können.

* Auch in Spanien, neben Frankreich und Deutschland einziges westeuropäisches Land, wo nach Mitte der siebziger Jahre noch eine Reihe von Kernkraftwerken bestellt wurden, stoppte die Regierung im Oktober 1983 das Atomprogramm und stornierte einen Teil der Aufträge wegen wachsender Überkapazitäten.

** Die bis zum Jahr 2000 *geförderte* Uranmenge dürfte um etwa 0,2 Mio t höher sein, da die Kernkraftwerksbetreiber in der Regel Uranvorräte für etwa 5 Jahre halten.

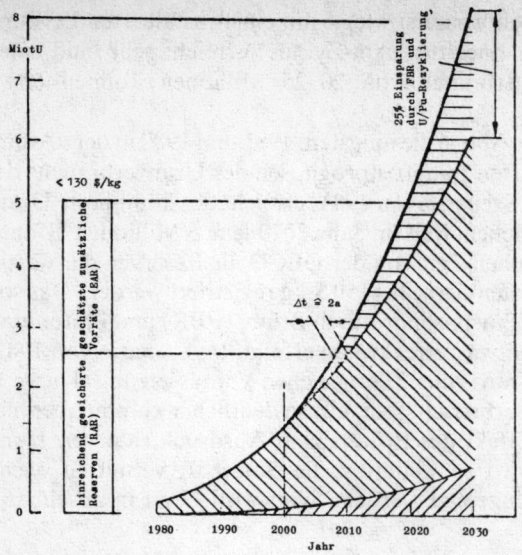

Kumulierter Uranverbrauch der westlichen Welt bis zum Jahr 2030
bis zum Jahr 2030

Quelle: W. Jaek, Langfristperspektiven des weltweiten Kernenergie-
        einsatzes (10/81, S. 551)
        einsatzes (Atomwissenschaft, Düsseldorf, Heft 10/81, S. 551)

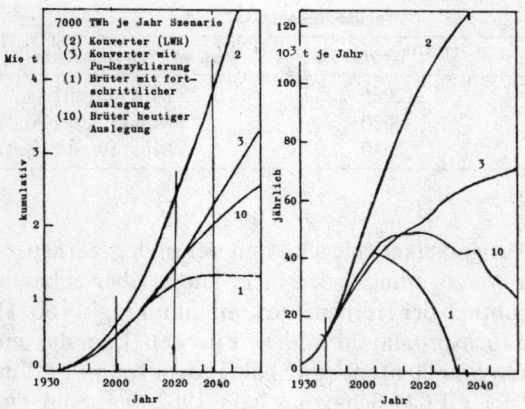

Natururanbedarf verschiedener Reaktorsysteme

Quelle: W. Marth, Stand und Perspektive der deutschen Brüterent-
        wicklung (Atomwissenschaft, Düsseldorf, Heft 11/82, S. 566)

Abb. 6 Uranverbrauchsprognosen von 1981 und 1982

schätzt . . . Eine Leichtwasserstrategie mit einer installierten Leistung von 10 000 GW im ‹once-through›-Zyklus* erreicht sehr bald einen kumulierten Uranverbrauch von 20–25 Millionen Tonnen (etwa 2025–2030).»[4]

Demgegenüber zeigt Abb. 6 die jüngsten, 1981 und 1982 in der «Atomwirtschaft» publizierten Langfristprognosen des Uranverbrauchs der westlichen Welt. Im Szenario von 1981[5] erreicht der kumulierte Uranverbrauch der westlichen Welt im Jahr 2020 jene 5 Millionen Tonnen (Mio t), die zur gleichen Zeit von der OECD als Reserven der westlichen Welt in der Kostenklasse bis 130 $/kg registriert werden. Das soll gelten, wenn keine «Einsparung» durch Brüter (FBR) und Plutoniumrezyklierung in Leichtwasserreaktoren erfolgt. Im Szenario von 1982[6] sollen die 5 Mio t Uran – unter der gleichen Voraussetzung (Kurve 2) – erst im Jahr 2040 verbraucht sein. Umso deutlicher kommt aber hier der uransparende Effekt des Brüters zum Ausdruck (Kurven 1 und 10). Anschaulich wird so weiterhin die Botschaft vermittelt: wenn nicht bald Brüter eingesetzt werden, dann wird Uran in absehbarer Zeit knapp.

Der Vergleich der drei in den letzten Jahren in «Atomwirtschaft» publizierten Szenarios zeigt einen rapiden Rückgang des langfristig prognostizierten Uranverbrauchs:

	Prognose besagt:	
Prognose aus dem Jahr	bis zum Jahr	wird an Uran verbraucht
1980 (Häfele)	2025–2030	20–25 Mio t (Welt)
1981 (Jaek)	2020	5 Mio t (westl. Welt)
1982 (Marth)	2040	5 Mio t (westl. Welt)

Dieser Rückzug der Prognostiker spiegelt – mit der in der Kernenergiegemeinde üblichen Verzögerung – den nicht länger übersehbaren weltweiten Zusammenbruch der Kernenergiekonjunktur (vgl. Abb. 1) und der Stromverbrauchsprognosen wider. Für den kumulierten Uranverbrauch bis zum Jahr 2000 entspricht die Prognose von 1981 in Abb. 6 (jaek) noch der OECD-Schätzung von 1982, während die Prognose von 1982 (Marth) bereits nahe an die von uns zuvor genannten 0,5 Mio t rückt. Angesichts solcher Perspektive für das Jahr 2000

* Once-through-Zyklus heißt: ohne Wiederaufarbeitung und Wiederverwendung des dabei gewonnenen Plutoniums und Resturans, entsprechend dem Uran-Leichtwassersystem in unserer Terminologie.

wirkt Häfeles Uranverbrauch von 20–25 Mio t bis zum Jahr 2025 oder 2030 nur mehr peinlich. Weil aber der OECD-Schätzwert von 5 Mio t Uranreserven (in der Kostenklasse bis 130 $/kg) geschickt als Begrenzung ins Bild gesetzt wird, vermitteln auch die neueren Szenarien (Abb. 5) noch den Eindruck, Uran werde knapp.

Naturgemäß kann man über den Uranverbrauch nach dem Jahr 2000 – im Gegensatz zu dem bis 2000 – in weiten Grenzen spekulieren. Vergegenwärtigt man sich den geschilderten Zusammenbruch der kurzfristigen Kernenergiekonjunktur, so könnte man meinen, die Geschichte der Kernenergie gehe zu Ende, ehe sie so richtig begonnen hat. Nach dem jüngsten Szenario von W. Marth (dem Leiter des Projekts Schneller Brüter im Karlsruher Kernforschungszentrum), wird es dagegen mit der Kernenergie steil aufwärts gehen, so daß der jährliche Uranbedarf in etwa 50 Jahren 120 000 t erreicht, sofern bis dahin nur der Leichtwasserreaktor eingesetzt wird und das Resturan sowie das Plutonium aus diesen abgebrannten Brennelementen nicht wiederverwertet wird. Wenn die Uranausnutzung des LWR im gleichen Zeitraum nur um 20% verbessert wird,* so würden im Jahr 2033 etwa 6 Millionen GWh (1 GWh = 1 Million kWh) Kernenergiestrom erzeugt. Das ist so viel, wie derzeit in der westlichen Welt jährlich insgesamt an Strom verbraucht wird. Noch mehr an Atomstrom kann man einer einigermaßen informierten Leserschaft heutzutage wohl kaum andienen.

Nach diesem Szenario würden in den kommenden 50 Jahren (also bis 2033) kumuliert etwa 4 Mio t Uran verbraucht. Das ist knapp ein Drittel jener etwa 13 Mio t Uranreserven in der Kostenklasse bis 130 $/kg, die wir aufgrund der jüngsten, 1984 publizierten Angaben der OECD als untere Grenze abgeschätzt hatten. Das heißt aber, daß selbst bei einer Entwicklung entsprechend dem optimistischen Kernenergie-Szenario von W. Marth noch in 50 Jahren Uranvorkommen zu 80 $/kg (in heutigem Geldwert) verfügbar wären und die Vorkommen in der Kostenklasse von 80–130 $/kg noch kaum abgebaut würden. Selbst in einem Zeithorizont von 50 Jahren ist also eine Verknappung von *billig* gewinnbarem Uran – geschweige denn von Uran schlechthin – nicht in Sicht.

Da seit einigen Jahren offensichtlich ist, daß bis zum magischen Jahr 2000 von der früher prognostizierten Uranverknappung nicht die Rede sein kann, lautet die derzeit gebräuchliche Formel der Atomindustrie, Brüter würden «nicht vor dem Jahr 2000» benötigt. Tatsäch-

---

* Durch Verbesserung der Neutronenökonomie und Erhöhung des Entladeabbrands dürfte langfristig die Uranausnutzung im LWR um weit mehr als die hier angenommenen 20% verbessert werden.[7]

lich zeigt ein Kernenergie-Szenario wie das jüngste des Karlsruher Brüter-Projekts, daß Brüter nicht nur «nicht vor dem Jahr 2000», sondern gewiß auch in 50 Jahren noch nicht benötigt werden.

Kann es einen Sinn haben, über mehr als ein halbes Jahrhundert nicht nur unwirtschaftliche Brüter zu bauen, um die Technologie eines sehr fernen Tages parat zu haben, sondern auch noch die bis dahin genutzten Kernkraftwerke mit der unwirtschaftlichen Wiederaufarbeitung zu belasten, um Plutonium für den massenhaften Einsatz von Brütern anzusammeln?

Keine kommerzielle Chance für die Plutonium-Technologie

Es bedürfte eines Uranpreises von etwa 150 $/kg, damit sich – beim gegenwärtigen Stand der Uranausnutzung – die Natururankosten mit 1 Pf/kWh in den LWR-Stromerzeugungskosten niederschlügen. Längerfristig werden diese 1 Pf/kWh aber – infolge höherer Uranausnutzung – erst bei Uranpreisen jenseits von 200 $/kg (in heutigem Geldwert) erreicht.* Ein Uranpreis noch jenseits 200 $/kg erscheint zwar – für sich betrachtet – beim heutigen Preisniveau (von 40 $/kg auf dem Spotmarkt) als sehr hoch. Wenn er sich aber lediglich mit 1 Pf/kWh in den LWR-Stromkosten niederschlägt, bleibt seine Auswirkung auf die gesamten LWR-Stromkosten doch derart gering, daß sie zu keiner nennenswerten Verbesserung der Konkurrenzlage des Brüters zum Leichtwasserreaktor führt.** Auch die informierten Verfechter des Brüters würden heute nicht bestreiten, daß der Brüter wirtschaftlich nicht mit dem LWR konkurrieren kann, so lange dessen Natururankosten 1 Pf/kWh nicht erheblich überschreiten.

* Bei den derzeit bei Druckwasserreaktoren üblichen Daten (33 MWd/kg Abbrand, 3,2% Anreicherung, 0,25% Abreicherung, 30% Nutzungsgrad) werden aus 1 kg Natururan etwa 38 000 kWh erzeugt. Die Belastung der Stromkosten von 1 Pf/kWh tritt also bei einem Natururanpreis von etwa 380 DM/kg, entsprechend etwa 150 $/kg auf. (Hier sind die Kosten der Finanzierung des einige Jahre vor Einsatz im Reaktor gekauften Urans vernachlässigt.) Längerfristig kann man mit um 50% erhöhter Uranausnutzung rechnen, wenn das heute schon bekannte Potential für höheren Abbrand und verbesserte Neutronenökonomie im LWR realisiert und zudem der Abreicherungsgrad so erniedrigt wird, wie das bei Uranpreisen um 200 $/kg betriebswirtschaftlich optimal ist.

** Befürworter der Kernenergie ermitteln derzeit Stromerzeugungskosten um 16 Pf/kWh (heutiger Geldwert) für LWR-Kernkraftwerke, die zur Zeit gebaut und gegen Ende der 80er Jahre den Betrieb aufnehmen werden.[8] Kritiker ermitteln dafür weit höhere Stromkosten.[9]

Fassen wir nun die Überlegungen zum Uranverbrauch und zu den Möglichkeiten und Grenzen, den Uranpreis hochzuschrauben, zusammen.

Selbst wenn die seit Mitte der siebziger Jahre anhaltende Stagnation des Ausbaus der Kernenergie bald überwunden und die Kernenergie – in der Form von Leichtwasserreaktoren – so stark ausgebaut würde, daß sie – entsprechend dem Szenario von W. Marth – in 50 Jahren den gesamten derzeitigen Weltstrombedarf decken könnte, wäre das Uran der niedrigsten Kostenklasse (80 $/kg) noch nicht verbraucht. Weit über diesen Zeitraum hinaus sind aber Uranpreise deutlich über 200 $/kg (in heutigem Geldwert) nach menschlichem Ermessen nicht zu erwarten, weil – abgesehen von der preisstabilisierenden, langjährigen Uranbevorratung – die sehr großen und geographisch weit gestreuten Uranvorkommen der Kostenkategorie um 200–250 $/kg preisbegrenzend wirken. So lange aber die Uranpreise nicht weit jenseits 200 $/kg liegen (der Urananteil an den LWR-Stromkosten also nicht erheblich über 1 Pf/kWh liegt), haben Brüter gegenüber dem LWR keine wirtschaftliche Chance.

Wenn sich aber selbst noch weit über den Zeitraum von 50 Jahren hinaus kein wirtschaftlicher Einsatz von Brütern abzeichnet, warum muß dann *jetzt* der Bau großer Wiederaufarbeitungsanlagen in Angriff genommen werden, in denen der wohl gefährlichste aller Stoffe, Plutonium, jährlich tonnenweise freigesetzt wird? Für die Nutzung der Kernenergie durch Leichtwasserreaktoren ist die Wiederaufarbeitung, wie auch die Rückführung des dabei freigesetzten Plutoniums nichts als eine unnötige Belastung der Stromerzeugungskosten (welche die Belastung durch die Natururankosten selbst dann noch erheblich übertreffen wird, wenn die Natururanpreise einmal die Größenordnung 200 $/kg erreichen). Sollte das in den jetzt geplanten Anlagen gewonnene Plutonium aber als Startkapital für die wirtschaftliche Nutzung von Brütern dienen, dann müßte man es – das zeigt unsere Betrachtung – über Zeiträume lagern, für die wirtschaftliche Vorsorge keinen Sinn haben kann – außer dem, die Zukunft nicht zu verbauen. Belastet man aber nicht die Zukunft gerade durch die Einführung der Wiederaufarbeitung im industriellen Maßstab?

Es hat keinen Sinn – ausgenommen einen militärischen – mit der Wiederaufarbeitung nicht *mindestens* so lange zu warten, bis beispielsweise jene 4 Mio t Uran verbraucht sind, die in der untersten Kostenklasse bis 80 $/kg gewonnen werden können. Man wird ja dann sehen, ob der Ausbau der Kernenergie tatsächlich wieder so rapide in Gang kommt, daß diese 4 Mio. t in 50 Jahren aufgebraucht sind, wie das jüngste Szenario der Karlsruher Brüterprojektleitung ausmalt. Vielleicht werden es hundert Jahre, vielleicht wird auch die Nutzung der Kernenergie eingestellt, bevor 4 Mio t Uran verbraucht sind. Sicher ist nur soviel: Bis zum Jahr 2000 können lediglich etwa 0,5 Mio t Uran verbraucht sein.

Wann auch immer die 4 Mio t Uran verbraucht sein werden, es wird dann noch ein *Vielfaches* dieser Menge an Uran zu Kosten verfügbar sein, die dem Brüter noch immer keinen wirtschaftlichen Vorteil gegenüber den LWR ermöglichen. Sollte sich die Kernenergie bis dahin tatsächlich so durchgesetzt haben, wie ihre Verfechter das so unbeirrt tapfer ausmalen, dann bliebe also reichlich Zeit und Uran, um Plutonium für den Start eines Brütersystems zu gewinnen, das auch dann noch auf lange Sicht nicht wirtschaftlich mit dem LWR konkurrieren könnte. Dann also könnte frühestens – wenn überhaupt – die industrielle Einführung der Wiederaufarbeitung sinnvoll erscheinen.

Würden aber die etwa 0,8 Millionen Tonnen LWR-Brennstoff, zu denen die 4 Mio t Uran der untersten Kostenklasse verarbeitet werden können, wiederaufgearbeitet zu den Mehrkosten von 3000 DM/kg gegenüber der direkten Endlagerung, die heute etwa absehbar sind, dann kostete dies insgesamt etwa 2400 Milliarden DM (in heutigem Geldwert). Das ist der Geldwert aller Güter und Dienstleistungen, die in der Bundesrepublik (beim heutigen Niveau des Sozialprodukts) innerhalb von eineinhalb Jahren produziert werden. Oder es ist der Geldwert der derzeit in der westlichen Welt im Verlauf von etwa zweieinhalb Jahren erzeugten Elektrizität (jährlich 6000 Milliarden kWh), wenn die Erzeugung einer kWh, wie derzeit in der Bundesrepublik, etwa 16 Pf kostet.

Es ist müßig, in der Bundesrepublik nach einem verborgenen, rational begründbaren Interesse der Elektrizitätswirtschaft oder des Staates an der ausgeklügelten Kapitalvernichtungsstrategie zu forschen, als die sich die Wiederaufarbeitung bei genauem Hinschauen darstellt. Sie ist nur zu begreifen als Ausdruck der Trägheit des vielfach verschränkten, staats- und industriebürokratischen Atomenergie-Komplexes, dessen maßlose einstige Erwartungen an den Fortschrittsmythos Atomenergie die partikular interessierten Apparate in Gang gesetzt hat, die nun schwungradartig rotieren. Die Apparate produzieren ihrerseits die anerkannten Fachleute, welche die Argumente für die Nützlichkeit ihres Tuns ständig neu zurichten und verbreiten. In Frankreich kann man ein militärisches Interesse des Staates am Brütersystem erkennen, in Deutschland – Gott sei Dank – bislang nicht.

Plutonium-Wirtschaft: Strategien und Rückzugsgefechte

Bisher haben wir uns mit den Kosten der ausgebildeten, also den Brüter einschließenden Plutonium-Wirtschaft noch gar nicht beschäftigt. Allein der schon seit langem unstrittige Tatbestand, daß der Bau von Brüterkraftwerken nicht nur derzeit, sondern auch in Zukunft stets erheblich mehr kostet als der von LWR-Kraftwerken, genügte, um zu zeigen, daß (gleichgültig wie hoch diese Mehrkosten nun tatsächlich ausfallen werden) die Uransituation *mindestens* noch auf viele Jahrzehnte hinaus dem Brüter keine wirtschaftliche Chance eröffnet. Eigentlich sollte dies ausreichen, um nicht nur die teure LWR-Wiederaufarbeitung, sondern auch die kostspieligen Brüteraktivitäten zumindest so lange einzustellen bis sich – gewiß nicht vor Ablauf einiger Jahrzehnte – vielleicht doch noch eine Chance für den wirtschaftlichen Einsatz des Brüters abzeichnet.

In Frankreich und Deutschland, den beiden einzigen Ländern, in denen die für Anfang der siebziger Jahre geplanten Brüterbauvorhaben noch realisiert wurden, sehen die offiziellen Planungen jedoch vor, bald nach der Fertigstellung des 1200 MW-Superphenix (derzeit geplant für 1985) bzw. des 300 MW-Brüterkraftwerkes in Kalkar (derzeit geplant für 1986) mit dem gemeinsamen Bau weiterer, sogenannter kommerzieller Brüterkraftwerke zu beginnen. Es ist zwar klar, daß die Nachfolgeprojekte wiederum mit vielen Milliarden DM bzw. Francs subventioniert werden müssen. Aber die Frage, wann diese Subventionen einmal enden, wird – zumindest offiziell – nicht diskutiert. Statt dessen werden die schlichten Bekenntnisse der guten alten Zeit zur Notwendigkeit des Brüters gebetsmühlenartig heruntergerasselt.

Die heutigen, offiziellen Verlautbarungen und Planungen für den Bau weiterer kommerzieller Brüter sind Spätfolgen der Strategien zur Kommerzialisierung des Brüters, die in jener guten alten Zeit entstanden. 1965 legte das mit der Brüterentwicklung beauftragte Kernforschungszentrum Karlsruhe die erste umfassende deutsche Brüterstudie vor.[10] Danach sollte 1969 mit dem Bau des «SNR-300», des 300 MW-Natriumbrüters begonnen werden, der tatsächlich seit 1972 in Kalkar errichtet wird.[11] Die Baukosten wurden auf 310 Millionen DM (gegenüber heute 7 Milliarden DM) veranschlagt, die Bauzeit auf 3 Jahre (gegenüber 14 Jahren heute). Zeitlich um ein Jahr versetzt sollte ein gleichgroßer «Dampfbrüter» gebaut werden (der bald darauf verstarb), anschließend das erste kommerzielle Kraftwerk als Prototyp einer Serie von Brütern. Der heute amtierende Leiter des Karlsruher Projekts «Schneller Brüter» faßte 1981, rückblickend, die für die Bundesrepublik geltenden Aussagen der Strategiestudie von 1965 wie folgt zusammen:

«Für die LWR-Kapazität war 1995 das Maximum mit ca. 30 GW errechnet worden; die Schnellbrüterkapazität sollte ständig ansteigen und um das Jahr 2000 etwa 80 GW erreichen. Unter Berücksichtigung der Investitions- und Brennstoffkreislauf-Kosten wurden für die Jahre 1970–85 folgende spezifische Stromerzeugungskosten errechnet:

Natriumgekühlte Brüter	1,62 Pf/kWh
Leichtwasserreaktoren	1,91 Pf/kWh.

Die Studie KfK 366 kommt zu dem Schluß, daß der Kostenunterschied zwischen einer reinen Leichtwasser-Reaktorlinie und einer LWR/SBR-Kombination aufsummiert bis zum Jahr 1984 bereits eine Kostenersparnis von einer Milliarde DM ausmacht. Bis dahin wären also die gesamten abgeschätzten Aufwendungen für die Schnellbrüterentwicklung im volkswirtschaftlichen Rahmen erwirtschaftet worden.»[12]

Diese absurd anmutende, in ein wissenschaftliches Gewand gekleidete Verheißung war tatsächlich nicht nur die Grundlage der politischen und industriellen Entscheidungen, die 1972 zum Bau des 300 MW-Brüters in Kalkar führten, sondern auch Basis der heutigen Planungen für den nachfolgenden 1300 MW-Brüter SNR-2, dessen Bau inzwischen freilich mangels Fertigstellung des Brüters in Kalkar um etwa 15 Jahre verschoben werden mußte.

Als zu Beginn des Baus in Kalkar die Kostenschätzung schon das fünffache der Karlsruher Schätzung von 1965 (damit immerhin ein Viertel der derzeitigen Schätzung) erreicht hatte, waren die Weichen so fest gestellt, daß kein Entscheidungsträger noch ernsthaft an Umkehr dachte. Zur gleichen Zeit begann die Konkretisierung der Planungen für den schon in der Karlsruher Studie von 1965 anvisierten Nachfolger sowohl in technischer wie auch in organisatorischer Hinsicht. Scheinbar gewitzt durch die unerwartete «Explosion» der sogenannten Kosten – in Wirklichkeit der Kostenschätzungen – für den Bau des 300 MW-Brüters, wurde die zunächst mit Holland und Belgien vereinbarte Kooperation für den SNR-2 durch ein Abkommen mit Frankreich (und dessen Brüter-Satelliten Italien) verbreitert. Als Gegenleistung für die Mitfinanzierung des französischen 1200 MW-Superphénix durch das RWE verpflichteten sich die staatliche französische EdF sowie die staatliche italienische ENEL zu einer Beteiligung am deutschen SNR-2. Diese elektrizitätswirtschaftlichen Abkommen wurden später durch staatliche und industrielle Abkommen ergänzt. Damit wurden auch Verpflichtungen der Bundesregierung zur Förderung der

Planung und Entwicklung für den SNR-2 festgezurrt – so wird die Trägheit des Systems konstruiert. Angesichts schwindender Chancen für die Finanzierung des nächsten Brüterkraftwerkes wurde – mit der im Januar 1984 abgeschlossenen Regierungsvereinbarung – auch Großbritannien in diese Konstruktion einbezogen. Sie umfaßt damit alle EG-Länder mit Ausnahme derer, in denen nie ein Kernkraftwerk gebaut wurde.

Schauen wir nun nach Frankreich, dem in der Plutonium-Technologie weltweit führenden Land. Dort beruhte die Entscheidung für den Bau des Superphénix auf langfristigen Strategiestudien des CEA, in dem die französischen Entwicklungsarbeiten auf dem Gebiet der Kernenergie (auch für die militärische Nutzung) konzentriert sind, dessen Filiale COGEMA auch die Wiederaufarbeitung in La Hague betreibt und das mit Industriebeteiligung eine Brüter-Baufirma (Novatome) gegründet hat. Im Jahr 1978, nach Beginn der Errichtung des Superphénix, prognostizierte das CEA, daß bis zum Jahr 2000 in Frankreich 16–23 GW an elektrischer Leistung in Brüterkraftwerken installiert sein werden. Zwei Jahre später, 1980, wurden diese Pläne reduziert auf etwa 10 GW (10 000 MW). Der Fertigstellung des 1200 MW Superphénix, damals noch für 1984 geplant, sollte der Bau von 6 weiteren Brüterkraftwerken zu je 1500 MW folgen, von denen je 2 (als Doppelanlagen) in den Jahren 1992, 1995 und 1998 in Dienst gestellt werden sollten. Parallel dazu sollte die Infrastruktur für den Brennstoffkreislauf der kommerziellen Brüter aufgebaut werden: eine Anlage für die Wiederaufarbeitung des Brüterbrennstoffs (PURR), deren Kapazität für mindestens 5 dieser Brüter ausreicht sowie eine Fabrik für die Herstellung der Brüter-Brennelemente aus Plutonium-Mischoxyd.

Heute glaubt wohl kein halbwegs Informierter mehr an diese französischen Pläne. Nicht zuletzt die große Ernüchterung angesichts der 190 Milliarden Francs Schulden (Stand 1983, mehr als die Hälfte in Devisen), welche die EdF zur Finanzierung sinnloser Überkapazitäten von LWR-Kraftwerken aufgenommen hat, dürfte dazu geführt haben, daß die Franzosen inzwischen verstärkt um internationale Beteiligung werben. So soll wenigstens *ein* Nachfolger für den Superphénix gesichert und der Brüter, das international bewunderte französische Prestigeprojekt, vorderhand am Leben erhalten werden.

Wir wollen dennoch die 1980 vom CEA verkündeten Planungen zur Kommerzialisierung des Brüters näher betrachten, denn auf sie bezieht sich seither die internationale Brütergemeinde mit der Begründung, sie seien angesichts der Erfahrungen mit dem Bau eines Brüterkraftwerkes kommerzieller Größe realitätsnah.

Brüter und Leichtwassersystem im Kostenvergleich: Die französische Verheißung

Die folgende Tabelle enthält Angaben des CEA von 1981,[13] zu den Kosten der Brüter, die bis zum Ende des Jahrhunderts laut CEA in Frankreich installiert werden sollten, sowie die Kosten ihres Brennstoffkreislaufs. Die vom CEA geschätzten Stromerzeugungskosten (sowie die auf Investition, Betrieb und Brennstoffkreislauf entfallenden Anteile daran) sind zu den für französische LWR-Kraftwerke damals erwarteten Kosten ins Verhältnis gesetzt, wobei selbstredend den LWR-Brennstoffkreislaufkosten die Kosten der Wiederaufarbeitung zugerechnet sind.

Kosten für französische Schnellbrüterkraftwerke, bezogen auf die Kosten französischer Druckwasserkraftwerke nach CEA, 1981

	Super-phénix 1 1200 MW	Doppel-anlage 1 2×1500 MW	Doppel-anlage 2 2×1500 MW	Doppel-anlage 3 2×1500 MW
Investitionskosten	2,1	1,44	1,31	1,26
Betriebskosten	1,69	1,37	1,12	1,12
Brennstoffkreis-laufkosten	1,79	1,20	1,06	0,90
Stromerzeugungs-kosten	2,02	1,36	1,19	1,13

Die Stromerzeugungskosten des zur Zeit dieser Angaben schon im Bau befindlichen Superphénix sollen demnach doppelt so hoch wie die eines gleichzeitig gebauten französischen LWR-Kraftwerks sein. Die Baukosten des Superphénix (Investitionskosten) sollen etwas mehr, seine Brennstoffkreislaufkosten deutlich weniger als doppelt so hoch sein wie beim LWR. Zusätzlich nannte das CEA Anteile der Investitionskosten von gut 60%, der Brennstoffkreislaufkosten von gut 20% und der Betriebskosten von etwa 15% an den Stromerzeugungskosten des Superphénix.

Die Kosten der Brüterkraftwerke sollen aber laut CEA im Lauf der Zeit so stark fallen, daß bei der dritten Doppelanlage, die um das Jahr 2000 den Betrieb aufnehmen soll, die Stromerzeugungskosten nur mehr 13% über denen des LWR liegen. Diese frohe Botschaft übermittelte auch der französische Energieminister Hervé im Dezember

1981 dem Vorsitzenden der Kernenergie-Enquête-Kommission des deutschen Bundestages, H. B. Schäfer, brieflich (in amtlicher Übersetzung):

«Die Studien, die bis heute für künftige KKW dieser Baulinie durchgeführt wurden, und zwar über eine Art Kombinat mit KKW-Blöcken, Brennstoffabriken und Wiederaufarbeitungsanlagen, ermöglichen KKW-Erzeugungskosten zu erwarten, die rund 20% höher liegen als die kWh der KKW mit Leichtwasserreaktoren und unter heutigen wirtschaftlichen Verhältnissen. Nun ist es klar, daß bis Ende dieses Jahrhunderts diese wirtschaftlichen Verhältnisse sich ändern können und die Wettbewerbsfähigkeit der schnellen Brüter sich verbessern kann.»

Mit den «wirtschaftlichen Verhältnissen» können wohl nur die Uranpreise gemeint sein. Daß ausgerechnet sie «bis Ende dieses Jahrhunderts» die «Wettbewerbsfähigkeit der Brüter verbessern» können sollen, zeigt an, wie bemüht (oder borniert?) der französische Staat die Wirtschaftlichkeit einer Entwicklung darzustellen versucht, in der Frankreich, wie einst bei der Concorde, der Weltstar ist. Die deutsche Staatsbürokratie ist allerdings noch bemühter. Die zuständigen Beamten des BMFT berichteten ihrem Minister in der angeforderten «Neubewertung» des Brüters im Oktober 1982: «Der Superphénix . . . könnte schon Mitte der '80er Jahre konkurrenzfähig Strom liefern.»[14](!!)

Selbst wenn man die vom CEA in zahlreichen Veröffentlichungen lancierte und per Diplomatenpost weitergereichte Erwartung einer schließlichen Reduktion der Brüter-Stromkosten auf Werte, «die rund 20% höher liegen» als die LWR-Stromkosten, für bare Münze nimmt, so bestünde doch auf mindestens viele Jahrzehnte hinaus keinerlei Aussicht, daß diese Mehrkosten durch eine steigende Belastung der LWR-Kosten infolge steigender Uranpreise kompensiert werden könnten.

Vermutlich wird es gelingen, mit solchen Projektionen und vagen Andeutungen zur Wandelbarkeit «wirtschaftlicher Verhältnisse» die Finanzierung für einen Nachfolger des Superphénix zu sichern. Einmal gesichert, wird der Bau selbst dann nicht scheitern, wenn sich herausstellen sollte, daß die 1980 vom CEA mit knapp 50% veranschlagten Mehrkosten (gegenüber einem LWR-Kraftwerk) unterschätzt waren. Es ist allerdings auch nicht zu erwarten, daß einmal die Frage virulent wird, warum nun immerfort entweder die Stromkunden oder die Steuerzahler zur Kasse gebeten werden sollen, um die Mehrkosten weiterer Brüter zu decken, zumal Frankreich sich schon den Luxus leistet, teure LWR-Kraftwerke auf Halde zu bauen, deren

Strom niemand benötigt, nur weil aufgrund eines überzogenen Kernenergieprogramms eine überzogene Atomwirtschaft aufgebaut wurde, die nun weiter beschäftigt werden soll. Wir wollen uns nun nicht mit den Kostenangaben des weltweit als Brüterinstanz anerkannten CEA begnügen, sondern im folgenden nach dem heutigen Stand der Kenntnis dazu fragen, um zu erkunden, ob Brüter überhaupt jemals eine wirtschaftliche Chance haben können.

Im Gegensatz zu den «thermischen» Reaktoren, zu denen der Leichtwasserreaktor gehört, werden die Kernspaltungen im Brüter durch «schnelle» Neutronen bewirkt («Schneller Brüter»). Die Gefahr eines Unfalls infolge Ausbruchs der Reaktorleistung (nukleare Exkursion) ist deshalb weit größer als bei thermischen Reaktoren, was kostenintensivere Sicherheitsvorkehrungen verlangt. Außerdem benötigen die «schnellen» Neutronen den Einsatz von Natrium als Kühlmittel,* mit dem die im Reaktor durch Kernspaltung freigesetzte Energie an den Turbinenkreislauf übertragen wird anstelle vom gewöhnlichen, d.h. «leichten» Wasser, von dem der Name «Leichtwasserreaktor» herrührt. Das Kühlmittel Natrium wiederum erfordert weitere aufwendige, kostenintensive Sicherheitsvorkehrungen, weil es bei Zusammentreffen mit dem Wasser des Turbinenkreislaufs explodieren würde und sich an der Luft sofort entzündet. Zudem ist es bei Raumtemperatur ein festes Metall, gefriert daher bei Abkühlung, was ebenfalls zu aufwendiger Kraftwerkstechnik führt.

Im wesentlichen sind dies die Gründe dafür, daß die Kosten für den Bau (Investitionskosten) und Betrieb (Personal, Wartung, Versicherungen) von Brüterkraftwerken spezifisch (d.h. bezogen auf die elektrische Leistung) erheblich höher liegen müssen als die gleichzeitig und unter vergleichbaren Bedingungen (Anforderungen an die Sicherheit, Kapitalzins etc.) installierter Leichtwasserkraftwerke. Das ist unumstritten, fraglich ist nur die Höhe der Mehrkosten technisch ausgereifter Brüterkraftwerke.

Wie die bereits erläuterte Tabelle zeigt, prognostizierte das CEA 1980 für ausgereifte Brüterkraftwerke (dritte Doppelanlage, Inbetriebnahme 1998) gegenüber Leichtwasserkraftwerken um 26% höhere Investitionskosten und um 12% höhere Betriebskosten. Dazu bedarf es freilich gegenüber dem «Superphénix» einer Reduktion der Baukosten um 40% und der Betriebskosten um ein Drittel.

Sollen die Stromerzeugungskosten des Plutonium-Brüter-Systems jemals auf die des Leichtwassersystems gesenkt werden können, dann

---

* Weltweit steht seit Anfang der siebziger Jahre nur noch Natrium als Kühlmittel für Schnelle Brüter zur Debatte; zuvor wurde als Alternative dazu auch Helium und Dampf untersucht.

müßten diese Mehrkosten für Bau und Betrieb der Brüterkraftwerke durch Minderkosten für den Brennstoff kompensiert werden. Das CEA verspricht auch – wie die Tabelle zeigt – eine Reduktion der Brennstoffkreislaufkosten des Brütersystems auf etwa die Hälfte der zunächst für den Superphénix ausgewiesenen, und zwar für die Betriebszeit der dritten Doppelanlage, also für den Anfang des nächsten Jahrhunderts. Dann würden laut CEA die Brennstoffkreislaufkosten des Plutonium-Brüter-Systems die des Leichtwassersystems unterschreiten, wenn auch nur um 10%. Noch später, wenn erst eine ausgebildete Plutonium-Wirtschaft mit hoher Brüter-Kraftwerks-Kapazität und dementsprechend großen, technisch ausgereiften Anlagen für Fabrikation und Wiederaufarbeitung des Brüterbrennstoffs existiert, würden die Brennstoffkosten des Plutonium-Brütersystems die des Leichtwassersystems um 25–40% unterschreiten können, wenn man mit heutigen Uranpreisen rechnet.

Aber selbst noch ausgeprägtere Brennstoffminderkosten als diese 25–40% könnten die vom CEA genannten Mehrkosten ausgereifter Brüterkraftwerke nicht kompensieren, weil es die Kraftwerkskosten sind, die im wesentlichen (zu etwa 80%) die Kosten der Stromerzeugung bestimmen.* Es bleibt aber ja die Erwartung steigender Uranpreise, die das Bild zugunsten des Brüters ändern werden. Soweit die Botschaft des CEA.

Der Plutonium-Brennstoff-Kreislauf: Konstruktion eines Mythos

Selbst das zukunftsfrohe CEA ging aber 1980 – wie die Tabelle zeigt – davon aus, daß der Brennstoffkreislauf des Brüters die Stromerzeugung noch bis gegen Ende des Jahrhunderts mit höheren Kosten belastet als der des Leichtwasserreaktors. Wie das denn sein könne, mag sich der Laie fragen, der gewohnt ist, Brennstoffkosten als die Kosten eines natürlichen Energieträgers anzusehen. Es ist doch der Zauber des Brüters, mit einem Bruchteil des Uranverbrauchs des Leichtwasserreaktors auszukommen!

Vergegenwärtigen wir uns noch einmal anhand der Abb. 4 (S. 52) die Stationen – mithin die Kostenfaktoren – des Brennstoffs in den beiden Systemen.

---

* Setzt man die Brennstoffkosten des Brüters zu Null an, so würde das ausgereifte Brüterkraftwerk, dem CEA-Zahlenwerk zufolge, den Strom nur geringfügig (um weniger als 5%) billiger erzeugen können als das Leichtwasser-System.

Beide Systeme gehen vom gleichen natürlichen Energieträger Natururan aus und führen den radioaktiven Abfall dem gleichen Endlager zu. Angesichts seines geringen Natururanverbrauchs vernachlässigen wir die Natururankosten beim Plutonium-Brütersystem (ausgebildete Plutonium-Wirtschaft). Zugunsten des Leichtwassersystems vernachlässigen wir, daß es vielleicht etwas höhere Endlagerkosten verursachen wird.* Dann sind also als Brennstoffkosten zu vergleichen:

– die Kosten der Plutonium-Brennelement-Fabrikation sowie die Wiederaufarbeitung einschließlich Abfallkonditionierung beim *ausgebildeten* Plutonium-Brüter-System.

– mit den Kosten des Natururans, der Anreicherung, der Uran-Brennelement-Fabrikation, der Zwischenlagerung und der Konditionierung für die direkte Endlagerung beim Uran-Leichtwassersystem.

In der Abbildung 4 sind die Stationen des Brüterbrennstoffs – Fabrikation und Wiederaufarbeitung – dick umrandet, das heißt «kostenexplosionsträchtig», die Stationen des Brennstoffs im Natururan-Leichtwasser-System dagegen nicht. Das ist – neben den hohen Kraftwerkskosten – der zweite gewichtige betriebswirtschaftliche Nachteil der Plutoniumwirtschaft. Zudem gilt die obige Gegenüberstellung nur für ein in weiter Ferne liegendes, ausgebildetes Plutonium-System, das sich selbst mit Plutonium versorgen kann.

Die Markteinführung von Brütern ist nur möglich auf der Basis des in Leichtwasserreaktoren (LWR) oder anderen thermischen Reaktoren erzeugten Plutoniums. Erst nach Ablauf vieler Jahrzehnte, während deren immer mehr – in abnehmendem Maß von LWR versorgte – Brüter gebaut und betrieben werden, könnte ein System von Brütern entstehen, das sich selbst mit Plutonium versorgt. Während dieser jahrzehntelangen Übergangzeit müßte der LWR-Brennstoff wiederaufgearbeitet werden, um die Plutonium-Wirtschaft starten zu können.

Das Zahlenwerk des CEA beruht auf der wie selbstverständlich eingeführten Voraussetzung, daß die Kosten der Wiederaufarbeitung des LWR-Brennstoffs den Brennstoffkosten des LWR zuzuschlagen sind. So rechnen alle Kostenvergleiche der Verfechter des Brüters, nicht nur die des CEA. Nun haben wir aber dargelegt (S. 51 ff), daß die

* Dieser Unterschied könnte allenfalls wenige Prozent der Gesamtkosten des Brennstoffwegs ausmachen, wenn man, wie üblich, die Kosten der Endlagerstätten unter einem kurzen Zeithorizont – beispielsweise 30 Jahre – abschätzt. Würde man hingegen versuchen, die jedem ökonomischen Kalkül spottenden Zeiträume der Endlagerung in die Kostenbetrachtung einzubeziehen, dann stellte sich ohnehin die Frage, wie denn überhaupt der Nutzen der Kernenergie – ob nun mittels LWR oder Brüter – wirtschaftlich zu rechtfertigen ist.

Wiederaufarbeitung für Leichtwasserreaktoren eine unnötige und zudem recht hohe Kostenbelastung ist, die – wenn überhaupt – nur mit der Ansammlung des Plutoniums als Startkapital für die Plutonium-Brüter-Wirtschaft zu rechtfertigen ist. Bei einem systematischen Vergleich einer Kernenergiestrategie, die ausschließlich Leichtwasserreaktoren nutzt, mit einer auf Brüter abzielenden Strategie sind es daher die Brennstoffkosten des Leichtwassersystems mit direkter Endlagerung – in unserer Terminologie des Uran-Leichtwassersystems –, die zu vergleichen sind mit den Brennstoffkosten des Plutonium-Brütersystems. Dessen Einführung würde allerdings die Wiederaufarbeitung des Leichtwasserbrennstoffs notwendig machen. Die dadurch entstehenden Mehrkosten dürfen dann aber nicht dem Leichtwassersystem, sondern müssen dem Brütersystem angelastet werden.

Auf den plumpen Trick der Brütergemeinde, diese simple Logik außer Kraft zu setzen, indem die direkte Endlagerung als Alternative zur Wiederaufarbeitung schlicht ignoriert wird, hat in Frankreich bereits D. Finon 1982 hingewiesen. Aber was blieb dem CEA denn anderes übrig?

Würde es diese Logik dem veröffentlichten Zahlenwerk unterlegen, wäre jede Möglichkeit versperrt, wenigstens für die Jahrhundertwende in Aussicht zu stellen, daß sich die Mehrkosten des Brüterbrennstoffs in Minderkosten verwandeln. Selbst wenn man dem Brüter nicht die Mehrkosten der Wiederaufarbeitung des LWR-Brennstoffs zurechnet, würden sich doch die 10% Minderkosten des Brüterbrennstoffs, die das CEA 1980 für Anfang nächsten Jahrhunderts in Aussicht stellte, schon dann wieder in handfeste Mehrkosten verwandeln, wenn man sie nur vergleicht mit den LWR-Brennstoffkosten bei direkter Endlagerung statt mit denen bei Wiederaufarbeitung. Wie aber läßt sich die Zukunft des Brüters angesichts seiner hohen Kraftwerkskosten noch glaubhaft darstellen, wenn nicht wenigstens das Versprechen des Brüters, Brennstoff einzusparen, als nicht allzu ferne Hoffnung noch durch das ökonomische Zahlenwerk schimmert?

Oder hält sich das CEA bei der Beurteilung der zukünftigen Entwicklung der Kosten des Plutonium-Brennstoffs etwa nur so zurück, wie es Wissenschaftlern gut anstünde? Untersuchen wir, auf welche Informationen zu den beiden kritischen Kostenfaktoren – Fabrikation und Wiederaufarbeitung der Brüter-Brennelemente – sich das CEA stützen kann.

Die Problematik der hohen Kosten der *Fabrikation* von Brüterelementen haben wir bereits ausführlich im Zusammenhang mit der Plutoniumrückführung bei Leichtwasserreaktoren dargelegt (s. S. 60 ff). Die Brüterelemente bestehen aus dem gleichen Plutonium-Mischoxyd

(MOX) wie die zur Rückführung des Plutoniums vorgesehenen LWR-Elemente. Die Herstellung der Brennelemente birgt die gleichen, in der extremen Giftigkeit des Plutoniums wurzelnden Probleme für beide Typen. Sie kann in der gleichen Fabrik durchgeführt werden, wie das bei der deutschen ALKEM auch geschieht. Hinsichtlich Erfahrungsstand und Fabrikationskapazität hat das französische CEA gegenüber der deutschen ALKEM derzeit noch keinen großen Vorsprung, weil das größere Volumen an bisher in Frankreich hergestellten MOX-Elementen für Brüter teilweise kompensiert wird durch die deutsche MOX-Fabrikation für Leichtwasserreaktoren.

Bezogen auf das Kilogramm Brennstoff SM (= Schwermetall) ist die Fabrikation der Brüterelemente sehr viel teurer (und zwar um den Faktor 3–4) als die der LWR-Elemente, weil die Brennstäbe des Brüters dünner und kürzer sind, was zur Folge hat, daß bei etwa gleichen Fabrikationsschritten geringere Brennstoffmengen verarbeitet werden. Diese Mehrkosten werden aber zum überwiegenden Teil dadurch ausgeglichen, daß die Brüterelemente einen höheren Abbrand als die LWR-Elemente erreichen sollen und zudem Brüterkraftwerke einen etwas höheren Wirkungsgrad erzielen, im Brüter also mehr Elektrizität aus der gleichen Brennstoffmenge erzeugt wird.

Per Saldo ist daher die Belastung der Stromkosten durch die Kosten der MOX-Fabrikation beim Brüter kaum höher als bei der Plutoniumrückführung in Leichtwasserreaktoren. Wir hatten aber gesehen, daß die derzeitigen Fabrikationskosten der LWR-MOX-Elemente von der ALKEM mit dem Zehnfachen der Kosten normaler LWR-Uranelemente beziffert werden (s. S. 62). Dementsprechend lägen also die durch Brennelementfabrikation verursachten Stromerzeugungskosten (in Pf/kWh) beim Brüter derzeit um mehr als den Faktor 10 höher als beim Leichtwasserreaktor!

Allein schon auf Grund dieser enormen Fabrikationskosten kann derzeit der Brennstoffkreislauf des Plutonium-Brütersystems mit dem des Uran-Leichtwassersystems wirtschaftlich nicht konkurrieren. Nun prophezeit die deutsche ALKEM eine drastische Reduktion der MOX-Fabrikationskosten für die Zukunft, weil die erforderliche Fabrikationskapazität steigen würde. Auf diesem Argument beruht auch die vom französischen CEA für die Zukunft vorausgesagte Reduktion der Brennstoffkreislaufkosten des Brüters, sowohl was die Fabrikation als auch die Wiederaufarbeitung betrifft.

Den mutigen Verheißungen der ALKEM zufolge sollen die Fabrikationskosten für LWR-MOX-Brennelemente dereinst auf etwa ein Fünftel der heutigen reduziert werden (vgl. Abb. 5, Seite 59). Diese Prognose der ALKEM ist nicht neu; sie fand schon Eingang in die

1975 vom Kernforschungszentrum Karlsruhe unter Beteiligung der einschlägigen Industrie durchgeführte Brüterstrategie-Studie[15], die jene – bereits 1975 nur mehr peinlich anmutende – Studie[16] ablöste, auf deren Basis der Bau in Kalkar lanciert worden war.* Aufgrund der ALKEM-Prognose für die, zwar noch nicht beim SNR-2, aber doch bei einer ausgebildeten Plutonium-Wirtschaft zu erwartende starke Reduktion der MOX-Fabrikationskosten wurde die Belastung der Stromkosten durch Brennelement-Fabrikation für ein ausgebildetes System von Brütern um den Faktor 2,6 höher als beim LWR errechnet.**

Diesen Faktor 2,6 reduzierten die Prognostiker des französischen CEA einige Jahre später nochmals, und zwar auf rund die Hälfte. D. Finon berichtet, daß nach den von 1978 bis 1980 veröffentlichten Projektionen des CEA langfristig – bezogen auf das kg Brennstoff – beim Brüter die Brennelementfabrikationskosten um den Faktor 4–5, die Elektrizitätsausbeute aber um den Faktor 3–4 höher liegen soll als beim LWR.[18]*** Demnach würde die Belastung der Stromkosten durch Brennelementfabrikation beim Brüter nur etwa um rund ein Drittel höher liegen als beim LWR.

Erinnern wir uns an die Entwicklung der Plutonium-Mischoxyd-Fabrikationskosten anhand der deutschen Verlautbarungen: 1972 hieß es, die Fabrikationskosten für LWR-MOX-Brennelemente lägen *derzeit noch* doppelt so hoch wie die der Uranbrennelemente.[20] 1975 sollten sie dagegen *sehr langfristig* um den Faktor 2,2 höher liegen, worauf sich die Voraussage des besagten Stromkostenfaktors 2,6 im Vergleich Brüter/LWR gründete.[21] Während danach in den deutschen Voraussagen das Verhältnis der langfristigen Fabrikationskosten von MOX- zu Uran-Brennelementen weiter auf den Faktor 3 stieg,[22] wurde es vom CEA drastisch reduziert. Gab es gute Gründe für diese abenteuerliche Voraussage des CEA?

* 1975 ging es darum, die Dringlichkeit der Planung für das Nachfolgeprojekt SNR-2 zu begründen.

** Dem lagen folgende Annahmen für die langfristig zu erwartenden Fabrikationskosten zugrunde: 270 DM/kg für LWR-Uran, 600 DM/kg für LWR-MOX, 2000 DM/kg für Brüter-MOX. Die um den Faktor 7,5 höheren Fabrikationskosten der Brüterelemente gegenüber LWR-Uran wirken sich nur mit dem Faktor 2,6 in den Stromkosten aus, weil beim Brüter durch höheren Abbrand und einen besseren Kraftwerks-Wirkungsgrad fast dreimal soviel Elektrizität aus einem Kilogramm Brennstoff erzeugt werden soll.[17]

*** Das vom CEA als ein Faktor 4–5 bezifferte Verhältnis der Brennelementfabrikationskosten des Brüters zu denen des LWR wurde in der deutschen Brüterstudie von 1975 · noch mit dem Faktor 7,5 beziffert. A. Eitz vom RWE (das nicht nur Bauherr in Kalkar, sondern auch am Superphénix beteiligt ist), nannte 1980 bei einer Anhörung des Europäischen Parlaments einen Faktor 10 als wahrscheinlich.[19]

Wenn die ALKEM heute schon davon ausgeht, daß die Fabrikationskosten der LWR-MOX-Brennelemente die der LWR-Uran-Brennelemente um den Faktor 3 übersteigen werden, ist daraus zu schließen, daß die Stromkostenbelastung durch Brennelementfabrikation beim Brüter auch langfristig um mehr als diesen Faktor 3 die beim LWR übersteigen wird. Das heißt aber auch, daß allein die Brennelementfabrikation sich beim Brüter-System stärker in den Stromerzeugungskosten niederschlägt als die gesamte Verarbeitung des Natururans (Anreicherung und Brennelementfabrikation) beim Leichtwassersystem.

Ein Kostenvorsprung des Brüter-Brennstoffs vor dem Leichtwasser-Brennstoff könnte daher – wie ein Blick auf die Abbildung 4 lehrt – auch langfristig einzig und allein resultieren aus der Differenz zwischen den Kosten des Natururans und der Entsorgung beim LWR und den Kosten der Entsorgung beim Brütersystem. Dieser Sachverhalt erschien zwar wenig erfreulich, weil die Brütergemeinde zunächst – infolge massiver Unterschätzung der Kosten der MOX-Fabrikation – davon ausgegangen war, daß der Plutonium-Brüter-Kreislauf nicht nur die Kosten des Natururans, sondern auch die der Anreicherung einspart. Er konnte aber noch hingenommen werden, so lange die Kosten der Wiederaufarbeitung ebenfalls massiv unterschätzt wurden und als gering im Verhältnis zu den Kosten des Natururans galten – wie das noch zur Zeit der letzten deutschen Brüter-Strategie-Studie von 1975 der Fall war.

Zur Zeit der französischen Brüter-Strategie-Studien von 1978 bis 1980 waren aber die Probleme der Wiederaufarbeitung deutlich hervorgetreten, hatte die «Explosion» der Schätzungen ihrer Kosten – die die Kosten des Natururans in den Schatten stellten – bereits eingesetzt. Die kostengünstige Alternative der direkten Endlagerung für das Leichtwassersystem war bereits im Gespräch. Zu den damals – aufgrund der Erfahrungen mit dem bereits begonnenen Bau des französischen Superphénix – unzweideutig hervorgetretenen hohen Mehrkosten der Brüterkraftwerke gesellte sich die Aussicht, daß auch ihr Plutonium-Brennstoff auf Dauer höhere Stromerzeugungskosten verursacht als der des Leichtwassersystems. Denn:

Nicht nur die Kosten der Fabrikation, sondern auch die der Wiederaufarbeitung von Brennelementen sind beim Brüter weit höher als beim Leichtwasserreaktor. Der höhere – bei Zumischung von Brutelementen etwas gemilderte – Abbrand im Verein mit der Forderung nach möglichst rascher Wiederaufarbeitung der entladenen Brüterbrennelemente verschärft die schon vom LWR-Brennstoff her bekannten Probleme. Hinzu tritt als neues Problem die hohe Plutonium-Anreiche-

Die Bücher kosten nur noch
ein Fünftel ihres früheren Preises...

... schrieb der Bischof von Aleria 1467 an Papst Paul II. Das war Gutenberg zu verdanken.

Heute, 500 Jahre später, kosten Taschenbücher nur etwa ein Fünftel bis ein Zehntel des Preises, der für gebundene Ausgaben zu zahlen ist. Das ist der Rotationsmaschine zu verdanken und zu einem Teil auch – der Werbung: Der Werbung für das Taschenbuch und der Werbung im Taschenbuch, wie zum Beispiel dieser Anzeige, die Ihre Aufmerksamkeit auf eine vorteilhafte Sparform lenken möchte.

rung der Brüterelemente.* Sie erfordert bei großtechnischen Anlagen u. a. Vorkehrungen zur Vermeidung örtlicher Aufkonzentration des Plutoniums (in der flüssigen Phase), die zu «kritischen Massen» und damit atombombenartigen «Explosionen» führen kann.

Da Brennelemente erst viele Jahre nach ihrer Fabrikation wiederaufgearbeitet werden können, liegen bisher weit geringere Erfahrungen zur Wiederaufarbeitung als zur Fabrikation von Brüterelementen vor. Die Wiederaufarbeitung von Brüterbrennstoffen ist in Deutschland lediglich im Labormaßstab (MILLI-Anlage in Karlsruhe) und in Frankreich im Pilotmaßstab (AT 1, SAP) erprobt worden. Eine größere Pilotanlage (TOR) für die Wiederaufarbeitung des Brennstoffs aus dem französischen 250 MW-Brüterkraftwerk ist im Bau. Das CEA verfolgt zwar Pläne für eine halbindustrielle Anlage (PURR), die den Brennstoff des Superphénix und weiterer vier 1500 MW-Brüter wiederaufarbeiten soll. 1981 wurde ihre Inbetriebnahme für 1991 angekündigt. Finon berichtete aber 1982, daß aufgrund des tatsächlichen Planungsstands die Fertigstellung dieser Anlage nicht vor dem Jahr 2000 erwartet werden kann.[24]

Angesichts dieses kümmerlichen Erfahrungsstandes und der extremen technischen Probleme können Angaben über die Kosten der Wiederaufarbeitung von Brüterbrennstoff in industriellen Großanlagen kaum mehr als bloße Spekulation sein. Die großtechnische Wiederaufarbeitung von Brüterbrennstoff ist wohl das schwierigste aller Probleme der zivilen Kernenergienutzung. Sollte sie überhaupt jemals im industriellen Maßstab befriedigend gelingen, dann dürfte sich der dabei erforderliche technische Aufwand wahrscheinlich in extrem hohen Kosten niederschlagen. Wenn selbst die Schätzungen der Wiederaufarbeitungskosten des Leichtwasserbrennstoffs fast jährlich nach oben revidiert werden müssen, läßt sich aus der vergleichweise weit geringeren Erfahrung mit der – noch um eine Größenordnung schwierigeren – Wiederaufarbeitung von Brüterbrennstoff eins mit Sicherheit folgern: daß deren endgültige Kosten noch weit über denen für LWR-Brennstoff liegen werden.

Die mutigen Fachleute des CEA aber verbreiten im als wissenschaft-

* Ein möglichst schneller Umschlag des erbrüteten Plutoniums, d.h. also auch eine möglichst zügige Wiederaufarbeitung, ist erforderlich, um die (in Jahrzehnten bemessene) sogenannte Verdoppelungszeit des Plutoniuminventars von Brütern in erträglichen Grenzen zu halten. Von der Verdoppelungszeit hängt es ab, in welchen Zeiträumen ein Brütersystem aufgebaut werden kann. Auch in dieser Hinsicht haben sich die früheren Voraussagen als bei weitem zu optimistisch erwiesen, so daß heute in Frage gestellt wird, ob ein sich selbst mit Plutonium versorgendes Brütersystem überhaupt praktikabel sein kann.[23] Jedenfalls müßte aus diesen Gründen der Brüterbrennstoff schneller, d.h. in «heißerem» Zustand wiederaufgearbeitet werden, als Leichtwasserreaktor-Brennstoff.

lich geltenden Schrifttum günstigere Zahlen. Sie gehen davon aus, daß die Wiederaufarbeitung des Brüterbrennstoffs je kg Brennstoff etwa 2,4 mal soviel kosten wird, wie die des Leichtwasserbrennstoffs.[25] Da nun – bei realistischer Einschätzung aufgrund des Erfahrungsstandes – je kg Brennstoff im Brüter etwa 2,5 mal soviel Elektrizität erzeugt wird, wie im LWR, folgt aus solcher Schätzung: Die Wiederaufarbeitung schlägt sich in den Brennstoffkreislaufkosten des Brüters nicht mit einem höheren Betrag (in Pf/kWh) nieder als in denen des LWR. Beim Vergleich der Brennstoffkreislaufkosten beider Systeme, so wie ihn die Brüterverfechter durchführen (d.h. bei Belastung des LWR mit den Kosten der Wiederaufarbeitung seines Brennstoffs) können also die Kosten der Wiederaufarbeitung *prinzipiell* nicht zu Ungunsten des Brüters ausschlagen, gleichgültig, wie hoch sie im Lauf der Zeit angesetzt werden. Im Gegenteil: da die zukunftsfrohen Prognostiker des CEA voraussagen, je kg Brennstoff werde der Brüter in Zukunft nicht nur 2,5 mal, sondern 3–4 mal soviel Elektrizität erzeugen wie der LWR*, steigt rechnerisch der Vorteil des Brüters in den Brennstoffkreislaufkosten, je höher die Kosten der Wiederaufarbeitung veranschlagt werden.

Der vom CEA verbreiteten Behauptung, die Brennstoffkosten des Plutonium-Brütersystems könnten dereinst um 25–40% unter denen des Leichtwassersystems liegen, wenn man mit heutigen Uranpreisen rechne, liegt also ein außerordentlich hoher Grad an Willkür zugrunde, nämlich
– eine für den Brüter höchst optimistische Voraussage zum Verhältnis der im Brüter und im LWR erreichbaren Energieausbeute je kg Brennstoff,
– eine Reduktion der derzeitigen Fabrikationskosten der Brüterbrennelemente um fast eine Zehnerpotenz,
– eine Annahme zu den Kosten der Wiederaufarbeitung des Brüterbrennstoffs (Faktor 2,4 gegenüber LWR-Brennstoff), für die es so gut wie keine Grundlage gibt,
– sowie der durch nichts gerechtfertigte Vergleich des Brennstoffkreislaufs des Plutonium-Brütersystems mit dem eines Leichtwasser-Systems, dessen Brennstoff wiederaufgearbeitet statt direkt endgelagert wird.

* Nach dem derzeitigen Erfahrungsstand erscheint es gerechtfertigt, beim Brüter mit einem mittleren Entladeabbrand von 70 MWd/kg SM zu rechnen. Setzt man dies ins Verhältnis zum gegenwärtig praktizierten Abbrand von 33 MWd/kg beim LWR, dann ist – unter Berücksichtigung eines um etwa 20% höheren Wirkungsgrades von Brüterkraftwerken – die Elektrizitätserzeugung je kg eingesetzten Brennstoffs beim Brüter um den Faktor 1,2 x 70/33 = 2,5 höher als beim Leichtwasserreaktor. Freilich kann man diesen Faktor höher ansetzen, wenn man für die Zukunft auf höheren Abbrand beim Brüter spekuliert und das Potential für höheren Abbrand beim LWR herunterspielt.

Wenn man nur diese Vergleichsbasis zurechtrückt, bleibt von dem laut CEA dereinst erreichbaren Kostenvorteil des Brüterbrennstoffs von 25–40% schon nichts übrig, wie die folgende Abschätzung zeigt:

Die deutschen Kernkraftwerksbetreiber rechnen derzeit mit Brennstoffkosten der Leichtwasserreaktoren von 2,5 Pf/kWh. Darin sind etwa 1 Pf/kWh Rückstellung für die künftige Wiederaufarbeitung enthalten, die älteren Angaben («Preisen») des CEA entsprechen. Der laut CEA erreichbare Kostenvorteil des Brüterbrennstoffs von 25–40% entspräche also 0,6–1 Pf/kWh (in heutigem Geldwert) gegenüber dem Leichtwassersystem mit Wiederaufarbeitung. Dieser Vorteil wäre verschwunden, wenn der Übergang vom System mit Wiederaufarbeitung zu dem mit direkter Endlagerung 0,6–1 Pf/kWh brächte.

Wir hatten diese Einsparung mit 1,5 Pf/kWh abgeschätzt, wobei wir freilich von höheren Wiederaufarbeitungskosten ausgegangen sind als die deutsche EVU, die weiterhin, jedenfalls in der Buchführung, mit 1 Pf/kWh rechnet. Aber unser Schätzwert gestattet kräftige Abstriche auf die 0,6–1 Pf/kWh, bei denen der vom CEA langfristig in Aussicht gestellte Kostenvorteil des Brüterbrennstoffs verschwände, jedenfalls beim derzeitigen Niveau der Uranpreise. Würde das CEA gezwungen, die direkte Endlagerung als Alternative für das Leichtwassersystem anzuerkennen und dementsprechend die unbezweifelbaren Mehrkosten der Wiederaufarbeitung des Leichtwasserbrennstoffs im Kostenvergleich Brüter/LWR-Brennstoff zu eliminieren, so könnte es auch unter Beibehaltung seiner sonstigen, extrem zugunsten des Brüterbrennstoffs überzogenen Annahmen einen langfristig erreichbaren Kostenvorsprung des Brüterbrennstoffs vor dem Leichtwasserbrennstoff nicht mehr konstruieren, wenn es nicht auch steigende Uranpreise in das Zahlenwerk einführte. Wenn aber einmal der probate Hinweis auf die Erwartung steigender Uranpreise zur Legitimation wachsender Kosten nicht länger genügte, würde sich zeigen, wie wenig steigende Uranpreise zur Wirtschaftlichkeit des Brüters beitragen könnten.

Lassen wir nun die Zahlenspielereien des CEA beiseite. Die deutsche ALKEM war nie zimperlich bei ihren Projektionen und muß schon um ihrer Existenz willen eine möglichst rosige MOX-Zukunft malen. Wenn sie nach zwanzig Jahren MOX-Fabrikation die These vertritt, in Fabrikationsstätten sehr großer Kapazitäten könnten einmal MOX-Fabrikationskosten für LWR-Brennelemente erreicht werden, die nur mehr um den Faktor 3 über denen von Uran-Brennelementen liegen, kann man wohl guten Gewissens davon ausgehen, daß es billiger nicht gehen wird. Dann aber, darauf haben wir schon hingewiesen, führt allein die *Fabrikation* des Plutonium-Brüter-Brennstoffs auf eine mindestens so hohe Belastung der im Brüterkraftwerk erzeugten Kilowattstunde, wie Anreicherung *und* Fabrikation der Uranbrennelemente beim Leichtwasser-Kraftwerk.

Soweit läßt sich der Brennstoffkreislauf beider Systeme auch in einer weiten Zukunft übersehen. Zu vergleichen bleiben dann die Kosten des Natururans und der Konditionierung zur direkten Endlagerung beim Uran-Leichtwasser-System mit den Kosten der Wiederaufarbeitung einschließlich der Konditionierung des Abfalls beim Plutonium-Brüter-System. Diese Kosten bleiben ungewiß. Als sehr vorsichtige Hypothese darf man aber schätzen, daß die Kosten der Wiederaufarbeitung des Brüterbrennstoffs einschließlich Abfallkonditionierung die der Konditionierung des Leichtwasserbrennstoffs um mindestens 1 Pf/kWh übersteigen werden. Dann müßten die Kosten des Natururans im Leichtwasser-System auf mehr als 1 Pf/kWh ansteigen, wenn der Brüter-Brennstoff nicht höhere Stromerzeugungskosten verursachen soll als der Leichtwasser-Brennstoff. Dazu müßten sich aber die Uranpreise auf etwa 200 $/kg, rund das fünffache der heutigen, erhöhen, was man auf sehr lange Sicht als äußerste Grenze ansehen kann (vgl. S. 44 ff). Der sparsame Plutonium-Brennstoff ist und bleibt ein Mythos.

Die Baukosten der Brüterkraftwerke: Ende der Plutonium-Wirtschaft

Ist erst einmal der Brennstoffkreislauf, von dessen Mythos der Glaube an den Brüter lebt, entzaubert, enthüllt schon ein kursorischer Blick auf die Erfahrungen im Bau von Brüterkraftwerken das Fiasko des Brüters.

Als 1965 aus Karlsruhe Baukosten in Höhe von 0,3 Milliarden DM für das geplante deutsche 300 MW-Brüterkraftwerk in Kalkar verlauteten (heute liegen die Schätzungen bei 7 Milliarden DM), hieß es gleichzeitig, schon Ende der 70er Jahre könnten die Brüterkraftwerke die Baukosten («Anlagekosten») von LWR-Kraftwerken erreichen oder gar unterbieten. Diese Verheißung setzte eine selbst für damalige Verhältnisse ungewöhnliche Unerschrockenheit voraus.

Schon in den 60er Jahren führte die Konkretisierung der Pläne für die beiden ersten (noch immer einzigen, in der westlichen Welt fertiggestellten) mittelgroßen Brüterkraftwerke in Frankreich und England unzweideutig vor Augen, daß mit sehr erheblichen Mehrkosten gerechnet werden muß. Als ich 1972 das Amt des Geschäftsführers der INTER-ATOM und INB antrat, vertrat die Brütergemeinde – weltweit – die Auffassung, daß die Anlagekosten kommerzieller Brüterkraftwerke die von Leichtwasserkraftwerken um etwa 30% übersteigen werden.

Nun wußte ich aus der Erfahrung im Bau von Leichtwasserreaktoren, daß es gar nicht möglich war, auch nur in groben Zügen solche Mehrkosten abzuschätzen, ehe man nicht mindestens einen kommerziellen Vorläufer halbwegs fertiggestellt haben würde. Ich fragte meine Brüterkollegen in Frankreich, England und den USA nach der Quelle dieser Mehrkostenbehauptung, die sich auch in regierungsamtlichen Darstellungen fand – ohne Erfolg. 30% war schlicht eine bequeme Zahl, die einer vom anderen übernahm, mit plausibel erscheinenden technischen Hinweisen begründete, um einerseits dem unbezweifelbar hohen technischen Aufwand des Brüters Rechnung zu tragen und andererseits – mit dem Hinweis auf niedrigere Brennstoffkosten – doch die Wirtschaftlichkeit in Aussicht stellen zu können.

Die 30%-Formel hatte lange Zeit Bestand. So schrieb der Bundesforschungsminister noch 1977: «Der Superphénix hat nach den der Bundesregierung vorliegenden Angaben Anlagemehrkosten von etwa 30%» (gegenüber dem LWR).[26] Damals hatte der Bau dieses – in der westlichen Welt ersten – kommerziellen Brüterkraftwerks bereits begonnen. 1980, nach Ablauf etwa der Hälfte der geplanten Bauzeit, berichtete der zuständige Direktor des Bauherrn EdF, M. Hug, in der *Revue l'Energie*, die Anlagekosten des Superphénix würden «mehr als das Doppelte» eines gleichgroßen und gleichzeitig gebauten Druckwasserreaktors betragen.[27] Wie schon erwähnt, spricht seitdem auch das CEA von mehr als doppelt so hohen Baukosten für den 1200 MW-Superphénix, betont aber gleichzeitig, daß die Mehrkosten für den Bau der beiden nachfolgenden Brüter auf etwa die Hälfte reduziert werden könnten und danach nur mehr etwa 30% gegenüber dem LWR betragen werden (vgl. S. 90).[28]

Die probate 30%-Formel hat also weiterhin Bestand, ganz so, als wäre es von jeher als selbstverständlich angesehen worden, daß der Superphénix als Vorläufer der geplanten Serie kommerzieller Brüterkraftwerke mehr als das Doppelte eines LWR kosten wird. Selbstredend führen die französischen Brüterexperten auch plausibel erscheinende Gründe für die Erwartung an, daß sich die Kosten der Nachfolger auf 60% der Kosten des Superphénix reduzieren lassen: technische Verbesserungen und Rationalisierung der Produktion.[29]

In der Sowjetunion, dem einzigen anderen Land, das einen kommerziellen Brüter in Angriff genommen hat, scheint dagegen der Brüteroptimismus die Erfahrungen mit dem Bau des kommerziellen Brüterprototyps nicht überdauert zu haben. Auf einer Konferenz der IAEO in

Wien im Jahr 1983 verglichen sowjetische Experten die Anlagekosten des 1980 fertiggestellten kommerziellen Prototyps von 600 MW Leistung mit den Anlagekosten eines 1000 MW-LWR (Druckwasserreaktor in Nowo-Woronesch), der ebenfalls 1980 fertiggestellt worden war (als erster einer Serie, die aus dem bis dahin gebauten 400 MW-Druckwasserreaktor entwickelt wurde). Die Kosten sollten wegen der Gleichzeitigkeit und des gleichartigen Prototypencharakters gut vergleichbar sein. Die sowjetischen Experten gaben die Baukosten des 600 MW-Brüterkraftwerks mit dem 1,6fachen des 1000 MW-LWR an, was zu etwa 2,7fachen spezifischen, d. h. auf gleiche Leistung bezogenen, Kosten führt. Die Experten hofften aber, diesen Brüter weiterentwickeln zu können, so daß Folgekraftwerke bei auf 800 MW erhöhter Leistung zu den gleichen Kosten gebaut werden können, wie sie beim Bau des 600 MW-Prototyps entstanden sind[30].

Bedenkt man, daß auch dieses Entwicklungsziel noch doppelt so hohe spezifische Anlagekosten gegenüber dem LWR bedeutet, erhellt sich unmittelbar, warum aus der Sowjetunion nur mehr über Pläne zur Entwicklung, nicht aber über Pläne zum Bau weiterer Brüterkraftwerke berichtet wird.

Eine auf die Bundesrepublik fokussierte Sichtweise könnte zu dem Versuch verleiten, aus den enormen Kosten des vergleichsweise «kleinen» Brüters in Kalkar Schlüsse auf die Kosten zukünftiger kommerzieller Brüter zu ziehen. Dies wäre wenig ergiebig. Der Ermessensspielraum ist hier weit größer als bei Bezug auf die beiden «kommerziellen» Prototypen in Frankreich und in der UdSSR. Beide haben per Definition etwa die Leistungsgröße eines «kommerziellen» Kraftwerks. Die «prototypischen» Kosten sind bei beiden reduziert, weil Planung und Ausführung in beiden Ländern auf den jeweiligen Erfahrungen mit Brüterkraftwerken etwa der Leistung Kalkars (300 MW) aufbauen, die wiederum aus Erfahrungen beim Bau kleinerer Vorläufer resultieren. Beide Brüter wurden in der explizit verkündeten Absicht errichtet, unmittelbar nach der Fertigstellung mit dem Bau einer Serie gleichartiger, technisch verbesserter Brüter zu beginnen und damit das Zeitalter der kommerziellen Nutzung des Brüters einzuläuten.

Die Parallele zu dem einstigen Kopf-an-Kopf-Rennen Frankreichs und der Sowjetunion um die Führung bei der Entwicklung ziviler Überschallflugzeuge drängt sich auf. Seinerzeit wurde der Konflikt zwischen ökonomischer Einsicht und Nationalprestige in der Sowjetunion – wenn auch reichlich spät – zugunsten der ökonomischen Einsicht beendet, während der französische Staat bis zum bitteren – immer noch nicht ganz erreichten – Ende draufzahlt. Ähnliches zeichnet sich beim Brüter ab.

Wenn die sowjetischen Experten zugeben, daß die technisch verbesserten Nachfolger des kommerziellen Brüter-Prototyps doppelt so hohe Baukosten wie ein Leichtwasserreaktor verursachen werden, so ist das eine Bankrotterklärung für die Brüterentwicklung. Dabei deutet die sowjetische Erfahrung mit dem Bau des Brüter-Prototyps auf noch etwas höhere Mehrkosten (Faktor 2,7 gegenüber dem LWR) hin, als die französischen Erfahrungen, wobei allerdings zu bedenken ist, daß der Mehrkostenfaktor 2,1 (lt. Tabelle S. 90) vom CEA genannt wurde, nachdem erst die Hälfte der Bauzeit des Superphénix abgelaufen war. Die seither gebräuchliche Formel, der Superphénix werde «mehr als das Doppelte» eines gleichzeitig gebauten Leichtwasserreaktors kosten, läßt Spielraum für eine Anpassung nach oben. Während die Sowjetunion aber für Nachfolgeprojekte eine Kostenreduktion um etwa 1,3 in Aussicht stellt, gibt das französische CEA diesen Faktor mit etwa 1,6 an. Hier liegt naturgemäß ein weiter Spielraum des Ermessens vor, den die Franzosen nutzen, um an der alten Verheißung von 30% Mehrkosten festhalten zu können.

Nun zeigen die schmerzhaften Kernkraftwerkserfahrungen, daß die aus der konventionellen Technik entlehnte Vorstellung, steigende technische «Reife» und größere Stückzahlen müßten zu Kostendegressionen führen, sich zumindest bisher als grundfalsch erwiesen hat, und zwar bei Hunderten von LWR-Kraftwerken und auch bei anderen Reaktorsystemen (wie dem englischen AGR). Vielmehr führte die Verbreitung von Kernkraftwerken zu den notorischen «Kostenexplosionen», deren Gründe wir eingangs für den LWR skizziert hatten (vgl. S. 34). Es ist anzunehmen, daß einer dieser kostentreibenden Faktoren bei der weiteren Kommerzialisierung des Brüters in Zukunft entfällt oder doch eine weit geringere Rolle spielen wird als beim LWR: mangelnde Erfahrung, die Reaktor- und Komponentenhersteller anfangs zu starker Unterschätzung der Kosten verleitete. Aber nichts spricht dafür, daß der später einsetzende kostentreibende «negative Lerneffekt» – die Aufdeckung von immer mehr Mängeln beim Betrieb und bei der Sicherheitsbegutachtung mit steigender Zahl von Kernkraftwerken – beim Brüter nicht im gleichen Maß auftritt wie beim LWR. Ganz im Gegenteil: die bisherige Betriebserfahrung mit den kleineren Brüterkraftwerken ist miserabel, auch im Vergleich zur ersten Generation der Leichtwasserkraftwerke.* Die Technik des Brü-

---

* Als Ausnahme von dieser Regel kann lediglich das seit 1972 betriebene 250 MW-Brüterkraftwerk gelten. Dieses als vorbildlich geltende Brüter-Kraftwerk hat eine respektable Arbeitsverfügbarkeit zwischen 50% und 60% erreicht. Sie reicht nahe an die durchschnittliche Arbeitsverfügbarkeit der LWR-Kraftwerke heran, ist aber noch weit geringer als die Arbeitsverfügbarkeit von Kohle-, Gas- und Öl-Kraftwerken, die bei durchschnittlich über

ters ist noch weit komplexer als die des LWR, was auf einen noch stärker ausgeprägten «negativen Lerneffekt» infolge der Aufdeckung von Mängeln hindeutet.

Es ist also gewagt, überhaupt mit einer Reduktion der Brüteranlagekosten in der Zukunft zu rechnen. Aber es ist müßig, zu spekulieren, wie wahrscheinlich oder unwahrscheinlich die Erreichung des vom CEA – im Gegensatz zu den vorsichtigen sowjetischen Brüterexperten – propagierten Ziels ist, die Mehrkosten von Brüterkraftwerken gegenüber LWR-Kraftwerken in Zukunft auf 30% zu reduzieren. Denn auch lediglich um 30% höhere Anlagekosten des Brüters werden sich niemals durch niedrigere Brennstoffkreislaufkosten kompensieren lassen. Eine grobe Abschätzung anhand deutscher Verhältnisse mag demonstrieren, was um 30% höhere Anlagekosten des Brüters bedeuten.

Die spezifischen Anlagekosten eines 1300 MW-Kernkraftwerks der sogenannten «Konvoi-Serie» der KWU, dessen Bau vor kurzem begonnen hat und um 1990 abgeschlossen sein soll, werden derzeit mit 3500–4000 DM/kW (einschließlich Bauzinsen und Steuern, in heutigem Geldwert) beziffert.** Die Anlagekosten dieses LWR belasten seine Stromerzeugungskosten mit jährlich 525–600 DM/kW, wenn man die Annuität (einschließlich Steuern) mit 15% ansetzt. Bei 6000 Jahresbenutzungsstunden (das entspricht fast 70% Arbeitsausnutzung) wäre der Anteil der Anlagekosten an den Stromerzeugungskosten folglich 9–10 Pf/kWh (in heutigem Geldwert). Um 30% höhere Anlagekosten eines Brüters schlügen sich also in einer Mehrbelastung der Stromerzeugungskosten des Brüters von etwa 3 Pf/kWh (in heutigem Geldwert) nieder.***

Wenn diese 3 Pf/kWh durch die Einsparung des für den LWR benötigten Natururans kompensiert werden sollen, dann müßte – beim derzeitigen Stand der Ausnutzung des Natururans im LWR – der Preis für das Natururan um gut den Faktor 10 gegenüber dem derzeitigen Spotmarkt-Preis von etwa 40 US-Dollar/kg steigen. Bei einer um 50% verbesserten Uranausnutzung (die langfristig als wahrscheinlich gilt) würde sogar erst ein Natururanpreis von 700 US-Dollar/kg zu

über 80% liegt. Insbesondere die technischen Probleme der Dampferzeuger haben sich bei allen bisher betriebenen Brütern als gravierende Beeinträchtigung der betrieblichen Verfügbarkeit erwiesen.

** Wenn in der vom RWE veröffentlichten Abbildung 3 die spezifischen Anlagekosten eines um 1990 in Betrieb gehenden Kernkraftwerks erheblich höher, nämlich mit knapp 5000 DM/kW ausgewiesen werden, dann deshalb, weil dort die während der Bauzeit anfallenden Kosten im *jeweiligen* Geldwert aufsummiert wurden.

*** Hier ist zudem vorausgesetzt, daß die Arbeitsverfügbarkeit des Brüters nicht schlechter als die des Leichtwasserreaktors sein wird. Die Chancen dafür sehen nicht gut aus.

einer Belastung der Stromkosten von LWR von 3 Pf/kWh führen. Diese 700 US-Dollar/kg liegen an der oberen Grenze des Spektrums der Kosten, die in der Literatur für die Gewinnung des Urans aus Meerwasser angenommen werden!

Zu allem Überfluß ist es aber lediglich eine unwahrscheinliche Hypothese, daß die Mehrkosten von Brüterkraftwerken gegenüber Leichtwasserkraftwerken dereinst auf 30% gesenkt werden können. Zur Zeit betragen sie jedenfalls «mehr als das Doppelte».

Ein Ausblick

Alle Indizien sprechen also dafür, daß der Brüter niemals mit dem Leichtwasserreaktor wirtschaftlich konkurrieren können wird. Allerdings konnte ich hier nur Indizien sammeln. Die Zukunft läßt sich nicht beweisen. Sollte man daher nicht doch die Brüterlinie weiter verfolgen?

Die Entwicklung des Brüters dauert nun schon 30 Jahre. Sie war die kostspieligste aller bisherigen technischen Entwicklungen im nichtmilitärischen Bereich. Es bedurfte eines enormen Aufwandes, um den Stand der Kenntnis zu erreichen, der es nun zuläßt, die wirtschaftliche Aussichtslosigkeit dieser Entwicklungslinie so zu belegen, wie ich dies hier versucht habe. Insbesondere bedurfte es dazu des Baus von Brüterkraftwerken kommerziellen Zuschnitts und zudem auch der Erfahrung mit LWR-Wiederaufarbeitungsanlagen im großtechnischen Maßstab. Wollte man die hier ausgebreiteten Indizien weiter erhärten, so ließe sich das nur über den Bau und Betrieb weiterer Großanlagen erreichen. Die tatsächlichen Kosten eines Brütersystems lassen sich nicht zweifelsfrei belegen, bevor nicht viele kommerzielle Brüterkraftwerke sowie die zugehörigen Großanlagen für den Brennstoffzyklus gebaut worden sind. Insofern ist das vom CEA für Frankreich propagierte Mammutprogramm durchaus konsequent.

Es ist aber absurd, die übliche naturwissenschaftlich-technische Methode von «Trial and Error» beim Brüter noch weiter fortzuführen. Denn die Kosten, die dazu aufgewendet werden müßten, spotten jeder Beschreibung. Wir hatten schon dargelegt, daß allein die Wiederaufarbeitung des LWR-Brennstoffs, mit der das Plutonium als das Startkapital für den Brüter gewonnen wird, in der Bundesrepublik bald jährlich *mehrere* Milliarden DM kosten wird (vgl. S. 57 ff). Wenn der Nachfolger des «kleinen» Brüters in Kalkar, der SNR-2, wie geplant als 1300 MW-Kraftwerk gebaut wird, so ist damit zu rechnen, daß auch er mindestens doppelt so viel wie ein gleichgroßer LWR kosten wird. Das heißt, sein Bau müßte mit mindestens etwa 5 Milliarden DM (in heutigem Geldwert) subventioniert werden. Selbst wenn eines Tages die Mehrkosten von Brüterkraftwerken gegenüber LWR-Kraftwerken auf

30% gesenkt werden könnten, so müßte dann immer noch der Bau jedes 1300 MW-Brüterkraftwerks mit etwa 1,5 Milliarden DM (in heutigem Geldwert) subventioniert werden. Hinzu kämen die Milliardenbeträge für die Subventionierung des Brennstoffkreislaufs (also für die Fabrikation und Wiederaufarbeitung der Brennelemente) sowie die Mittel für die Forschung und Entwicklung in den staatlichen Forschungszentren und in der Industrie. Die Kosten des Kraftwerks in Kalkar wären demgegenüber nur ein vergleichsweise harmloser Anfang.

Wissenschaftler und Ingenieure haben seit jeher unter recht einseitiger Aufbietung von Argumenten um die Zukunft ihrer Kopfgeburten gekämpft. Es ist üblich, daß sie goldene Berge verheißen, um die Mittel zur Fortsetzung ihrer Arbeiten bewilligt zu bekommen. Es ist normal, daß diese Arbeiten oft in Sackgassen führen. Doch bei der Kernenergie im allgemeinen und bei der Entwicklung des Brüters im besonderen geht es um ganz andere Dimensionen als sonst bei technischen Entwicklungen. Die eingesetzten volkswirtschaftlichen Ressourcen und die Zeiträume bis zur Verifizierung oder Falsifizierung der Verheißungen übersteigen jedes gewohnte Maß.

Die Vorstellung, man könne und müsse jeden Zweifel ausräumen, ehe die Brüterentwicklung – und damit auch die Wiederaufarbeitung des Brennstoffs der Leichtwasserreaktoren – eingestellt wird, ist daher naiv. Eine unvoreingenommene Kosten-Nutzen-Analyse kann beim heutigen Stand der Kenntnis nur zur Empfehlung sofortiger Einstellung führen. Aber kann man eine unvoreingenommene Analyse von «Fachleuten» erwarten, die über Jahre oder gar Jahrzehnte die Brüterentwicklung gefordert und gestützt haben? Als im vergangenen Jahr (angesichts der vorerst letzten Bekanntgabe von Kostenerhöhungen für den Bau in Kalkar) der damalige Forschungsminister von Bülow eine Neubewertung der Brüterentwicklung anforderte, stützte die Ministerialbürokratie in dem dazu erstellten internen Dokument (Oktober 1982) die Notwendigkeit der Fortführung des Projekts u.a. auf folgendes Argument:

«Ein Scheitern würde international als Eingeständnis der Unfähigkeit der deutschen wissenschaftlichen und industriellen Fähigkeiten im Umgang mit komplexen modernen Technologien eingeschätzt. Es könnte deshalb erhebliche Ausstrahlungen auf die Gesamtwirtschaft haben. Diese Auffassung spiegelt sich auch in der Haltung der gesamten deutschen Industrie zur Weiterführung des Projekts SNR-300 wider.»

Geht es beim Brüter noch um die Realisierung einstiger Verheißungen? Oder geht es nicht vielmehr schlicht um das Weitermachen und um die Aufrechterhaltung dieser Verheißungen?

Wenn die um die Brüterentwicklung verdienten Beamten auf der Suche nach Argumenten schließlich die «Haltung der gesamten deutschen Industrie» beschwören, dann können sie sich tatsächlich auf die Wortführer der Industrie berufen. Nun können zwar weder diese Wortführer, noch die «gesamte deutsche Industrie» (sondern in der Industrie lediglich eine Handvoll leitender Ingenieure beim RWE und bei den zur Kraftwerk Union gehörenden Firmen) die Aussichten des Brüters beurteilen. Wenn dennoch die Wortführer der Industrie wie auch ihre Sprachrohre unter den Politikern und Staatsdienern die Fortführung der Brüterentwicklung lautstark fordern, so verrät schon die Wortwahl häufig eine affektive Besetzung des Brüters, wie sie auch im zitierten Appell der Ministerialbürokraten zum Ausdruck kommt.

Zu welcher Bedeutung muß der Brüter in den Köpfen derer angeschwollen sein, die allen Ernstes «erhebliche Ausstrahlungen auf die Gesamtwirtschaft» weissagen, würde der unsinnige Bau in Kalkar abgebrochen? Würde denn dann nicht lediglich noch eine Ruine zu den Dutzenden abgebrochener Kernkraftwerksbauten hinzutreten, die ohnehin schon als Wahrzeichen enttäuschter Erwartungen herumstehen – zwei davon auch in der Bundesrepublik?

Aber der Brüter ist nun einmal etwas ganz Besonderes. Er wurde mit der Verheißung aufgeladen, den Durchbruch durch die «Grenzen des Wachstums» zu schaffen. Es wurde besungen als die unerschöpfliche Energiequelle, welche die unbegrenzte Fortsetzung der industriellen Expansion ermöglichen werde, die durch das Versiegen des Erdöls bedroht schien. Gleichzeitig verkörperte er als technische Spitzenleistung die «komplexen, modernen Technologien», die Zeugnisse der «wissenschaftlichen und industriellen Fähigkeiten», welche als Garant fortdauernden industriellen Wachstums galten.

Diese doppelte Bedeutung macht den Brüter zum denkbar geeignetsten Symbol jener Fortschrittsideologie, deren Höhepunkt zwar schon vor einem Jahrzehnt überschritten wurde, die aber gerade unter Industriellen noch verbreitet ist, eignet sie sich doch, um die Verantwortung für die nun schon ein Jahrzehnt andauernde Wirtschaftskrise jenen zuzuweisen, die nicht mehr so recht mitziehen. Der Brüter, ein Flop – dies paßt partout nicht ins Bild.

Es kann sein, daß Brüter noch eine Zeitlang als gigantisches Beschäftigungsprogramm weitergebaut werden, zumal die Atomindustrie für die probate Drohung der Industrie mit dem Verlust von Arbeitsplätzen einen weit dramatischeren Ausdruck gefunden hat: dort droht der «technologische Fadenriß». Der technologische Brüterfaden würde auch in Deutschland reißen, wenn nicht bald nach Fertigstellung des SNR-300 in Kalkar mit dem Bau des SNR-2 begonnen wird! Wer wird die Verantwortung dafür tragen wollen, daß die auf den Brüterbau eingespielten Teams von Wissenschaftlern und Ingenieuren dann zerfallen?

Solche «Sachzwänge» könnten den Brüterbau als ein Beschäftigungsprogramm erhalten, das ohne absehbares Ende viele Milliarden verschlingt, um ein technologisches Potential zu erhalten, dessen Träger längst das Zeitliche gesegnet haben werden, wenn denn je Brüter doch einmal wirtschaftlich eingesetzt werden könnten. Der Aufbau dieses Potentials beruhte einmal auf solch absurden Verheißungen wie denen der Karlsruher Studie von 1965. Erst haben unrealistische Erwartungen die Organisationen geschaffen, nun basteln die Organisationen weiter an unrealistischen Erwartungen, um ihre Tätigkeit zu legitimieren. Dieses Phänomen soll es ja nicht nur bei der Kernenergie geben.

Eine kritische Analyse der Aussichten des Brüters und der Wiederaufarbeitung ist gewiß bei denen nicht gefragt, die bei den zukünftigen Entscheidungen mitzureden haben. Zwar hat der ehemalige Forschungsminister von Bülow im März 1983 im SPIEGEL klargestellt, daß er die Fortsetzung des Baus in Kalkar für eine unsinnige Verschwendung hält. Aber das war nach der Wahl. Hätte er diese Ansicht auch als Regierungsmitglied vertreten dürfen, unter der Drohung von «Ausstrahlungen auf die gesamte deutsche Wirtschaft»?

Anmerkungen

Zur Lage

1 GFK (Kernforschungszentrum Karlsruhe): Überlegungen zur Einführung schneller Brutreaktoren im DeBeNeLux-Bereich. KfK-Ext. 25/75-1. Karlsruhe 1975

2 Atomwirtschaft, Düsseldorf, Heft 12/1975

3 vgl. Frankfurter Rundschau vom 30. 5. 1984

4 Frankfurter Rundschau vom 7. 12. 1983

5 Häfele u. a.: Kernbrennstoffbedarf und Kosten verschiedener Reaktortypen in Deutschland. KfK-Bericht 366, Karlsruhe 1965

6 Frankfurter Rundschau vom 7. 12. 1983

7 Vgl. die Äußerung des britischen Energieministers Nigel Lawson, S. 13

8 Deutscher Bundestag: Die Entsorgung der Kernkraftwerke und anderer kerntechnischer Einrichtungen. Bericht der Bundesregierung an den deutschen Bundestag. Drucksache 10/327, August 1983

9 GFK, a.a.O.

10 Radkau, Joachim: Aufstieg und Krise der deutschen Atomwirtschaft 1945–1975. Reinbek 1983

11 Le Monde, Paris, 19. 1. 1978

12 Vgl. Genestout, M.: Lenoir, Y.: Quelques vérités (pas toujours bonnes à dire) sur les surgénérateurs. Sciences et Vie, Heft 781, 1982 sowie Lammers, L.: Le choix fera le destin. Energies, 23. 4. 1982

13 Vgl. Protokolle des Deutschen Bundestags vom 12. und 24. 11. 82, S. 7913 ff und 7864 ff

14 Vgl. z. B. Handelsblatt, Düsseldorf, vom 25. 5. 1983

15 So die konservative Neue Züricher Zeitung vom 22. 3. 1984

Der energiewirtschaftliche Rahmen

1 U.S.AEC: Proposed Final Environmental Statement on the Liquid Metal Fast Breeder Reactor Program, Dezember 1974, S. 112 ff

2 U.S.DOE (Department of Energy); Energy Information Administration: 1980 Annual Report of Congress, Vol. 3: Forecasts

3 Häfele, W. u. a., a.a.O.

4 OECD/NEA-IAEO: Uranium Resources, Production and Demand. Paris 1975

5 OECD/NEA: Nuclear Energy and its Fuel Cycle. Prospects to 2025. Paris 1982

6 OECD/NEA-IAEO: Uranium Resources, Production and Demand. Paris 1982

7 Vgl. Price, T.: Uranium and the Fast Reactor. BNES-Conference, London, 9.–12. 11. 1981

8 OECD/NEA-IAEO: Uranium Resources, Production and Demand. Paris 1984

9 Marth, W.: Stand und Perspektive der deutschen Brüterentwicklung. In: Atomwirtschaft, Düsseldorf, Heft 11/1982, S. 566 ff

10 Vgl. Boyd, B.: Uranium Resources, Production and Demand. Nuclear Engineering International, November 1979

11 Vgl. Traube, K.; Ullrich, O.: Billiger Atomstrom? Wie die Interessen der Elektrizitätswirtschaft die Energiepolitik bestimmen. Reinbek 1982, S. 157–208

12 Prognos: Die Entwicklung des Energieverbrauchs in der Bundesrepublik Deutschland und seine Deckung bis zum Jahr 2000. Kurzfassung. Basel, Juni 1984

13 Rittstieg, G.: Die Kostenentwicklung und Preisbildung der Stromversorgung in den achtziger Jahren. In: Elektrizitätswirtschaft, Frankfurt, Bd. 80, 1981, S. 581–583

14 Vgl. Traube, K.; Ullrich, O.; a.a.O. S. 208 ff

15 Vgl. Franke, J.; Viefhues, D.: Das Ende des billigen Atomstroms. Köln 1983

16 Vgl. Traube, K.: Zur Sicherung der Steinkohleversorgung durch Fernwärmeausbau. In: Der Minister für Wirtschaft des Landes NRW (Hg.): Stromerzeugung im Kostenvergleich von Steinkohlen- und Kernkraftwerken. Düsseldorf 1984

17 Vgl. Rittstieg, G., a.a.O.

18 Traube, K.; Ullrich, O., a.a.O. S. 301 ff sowie Traube, K.: Müssen wir umschalten? Von den politischen Grenzen der Technik. Reinbek 1978, S. 193 ff

19 Hippel, F. von: Uranium, Electricity and Economics. Invited Testimony before the Subcomittee on Energy Conservation and Power, October 5, 1981, Fig. 7

20 Vgl. Deffeyes, K. S.; Mac Gregor, I. D.: World Uranium Resources. In: Scientific American, Januar 1980, S. 66 ff

21 Michaelis, H.: Kernenergie. München 1977, S. 334

22 Vgl. Schwochau, Astheimer, Scheu, Witte: Probleme und Ergebnisse der Urangewinnung aus Meerwasser. In: Chemikerzeitung, Heidelberg, Bd. 107, 1983, S. 117–189

23 Vgl. ebd.

24 Vgl. Newman, Goldsmith, Fleischmann: Assesment of nonbackfittable Concepts for Improving Uranium Utilization in LWR's. ANS-Conference, June 10, 1981, sowie Hippel, F. von, a.a.O.

25 Vgl. Traube, K.; Ullrich, O., a.a.O.

26 Marth, W.: Der Uranmarkt und seine Bedeutung für den Schnellen Brüter. In: KfK-Nachrichten, Karlsruhe, 14/1982, S. 99–108 sowie OECD/NEA-IAEO, a.a.O. 1984

Die Alternative: Wiederaufarbeitung oder direkte Endlagerung

1 Vgl. OECD/NEA-IAEO, a.a.O. 1975

2 Vgl. Finon, D.: Fast Breeder Reactors. Energy Policy, Dezember 1982, S. 306–315 sowie Syndicat CFDT: Le dossier nucléaire. Paris 1980, S. 417

3 Vgl. Finon, D., a.a.O.

4 Vgl. Atomwirtschaft, Düsseldorf, Heft 5/1983, S. A 82

5 z. B. Le Monde, Paris, vom 12. 7. 1983, S. 29

6 Protokoll des Niedersächsischen Landtags vom 2. 2. 1984, S. 8

7 Landtagsprotokoll, a.a.O.

8 Vgl. Scheuten, G. H.: Zwischenlagerung und Wiederaufarbeitung bestrahlter Brennelemente. In: Atomwirtschaft, Düsseldorf, Heft 2/1984, S. 70-74

9 Hansen, U.: Kernenergie und Wirtschaftlichkeit. Köln 1983, S. 57

10 ebd. S. 63

11 Oeser, H. R.: Wiederaufarbeitungsanlagen in der Bundesrepublik Deutschland. In: Banck, Berg u. a.: Entsorgung von Kernkraftwerken. Köln 1981, S. 85–97

12 Schmitt, D. u. a.: Parameterstudie zur Ermittlung der Kosten der Stromerzeugung aus Steinkohle und Kernenergie. München 1978

13 Mandel, H.: Die energiepolitische Bedeutung der Entsorgung. Vortrag auf dem Symposium «Entsorgung in der Kerntechnik» des Deutschen Atomforums. Mainz, Januar 1976

14 Syndicat CFDT, a.a.O.

15 Franke, J.; Viefhues, D., a.a.O.

16 Frankfurter Rundschau vom 24. 6. 1983, S. 19

17 Scheuten, G. H., a.a.O.

18 Landtagsprotokoll, a.a.O. S. 6

19 Atomwirtschaft, Düsseldorf, Heft 2/1984, S. 63

20 Franke, J.; Viefhues, D., a.a.O.

21 Schmitt, D.; Junk, H.: Kostenvergleich der Stromerzeugung auf der Basis von Kernenergie und Steinkohle. In: Zeitschrift für Energiewirtschaft, Wiesbaden, 2/1981, S. 77–86 sowie Hansen, U., a.a.O.

22 Vgl. Scheuten, G. H., a.a.O.

23 BMBW: 4. Atomprogramm der Bundesrepublik Deutschland für die Jahre 1973–1976. Bonn 1972

24 BMFT: Programm Energieforschung und Energietechnologien. Bonn 1977

25 BMFT: Zweites Programm Energieforschung und Energietechnologien. Bonn 1982

26 BMBW, a.a.O.

27 KfK-ext. 25/75-1, Karlsruhe 1975, S. 93

28 BMFT = Statusseminar Mehrfachrezyklierung von Plutonium und Uran in thermischen Reaktoren, Bonn, 14. 10. 1981, a.a.O.

29 Stoll, W.: Argumente zur Schließung des Brennstoffkreislaufs durch Wiederaufarbeitung. In: Atomwirtschaft, Düsseldorf, Heft 2/83, S. 75–80

30 Der Spiegel, Hamburg, 18. 7. 1983

31 Mandel, H., a.a.O. sowie Michaelis, H., a.a.O. S. 378

32 Karlsson, F.: Endlagerung ohne Wiederaufarbeitung. In: Banck, Berg u. a.: Entsorgung von Kernkraftwerken. Köln 1981, S. 128–132 sowie Gries, W.: Die nukleare Entsorgung in Schweden. In Atomwirtschaft, Düsseldorf, Heft 5/1983, S. 273–275

33 Böhm, H.: Vergleich von Entsorgungswegen – Technisch-wissenschaftliche Grundlagen für politische Entscheidungen. In: Entsorgung von Kernkraftwerken. Forschungsbericht der Konrad-Adenauer-Stiftung. Bonn, Dezember 1983, S. 97–104

34 Stoll, W., a.a.O.

35 Hippel, F. von, a.a.O.

36 Böhm, H., a.a.O.

37 Finon, D., a.a.O.

38 Karlsson, F., a.a.O.

39 Vgl. Landtagsprotokoll, a.a.O.

40 Stoll, W., a.a.O.

41 Scheuten, G. H., a.a.O.

Die Aussichten für die wirtschaftliche Nutzung des Brüters

1 OECD/NEA-IAEO 1975, a.a.O.

2 INFCE: International Fuel Cycle Evaluation. Wien, IAEA 1980 sowie: OECD/NEA-IAEO 1982, a.a.O.

3 OECD/NEA-IAEO 1975, a.a.O.

4 Häfele, W.: Langfristige Strategien zur Welt-Energieversorgung. Atomwirtschaft, Düsseldorf, Heft 8/1980, S. 416 ff

5 Vgl. Jaek, W.: Langfristperspektiven des weltweiten Energieeinsatzes. In: Atomwirtschaft, Düsseldorf, Heft 10/1981, S. 551 ff

6 Vgl. Marth, W. 1982, a.a.O.

7 Vgl. Newman, Goldsmith, Fleischmann, a.a.O.

8 Vgl. Hansen, U., a.a.O.

9 Franke, J.; Viefhues, D., a.a.O.

10 Vgl. Häfele, W. u. a., a.a.O.

11 Vgl. Marth, W.: Zur Geschichte des Projektes Schneller Brüter. Kernforschungszentrum Karlsruhe, KfK-3111, Juli 1981

12 Vgl. ebd. S. 25

13 Vgl. Rapin, M.: Fast Breeder Fuel Cycle, Worldwide and French Prospects. BNES-Conference, London, 9.–12. 11. 1981, hier zitiert nach: Marth W. 1982, a.a.O.

14 entfällt

15 GFK 1975, a.a.O.

16 Häfele, W. u. a., a.a.O.

17 Vgl. GFK 1975, a.a.O.

18 Finon, D., a.a.O.

19 Eitz, A.: The Economic Interest of Fast Breeder Reactors. In: Fast

Breeder Reactors, Economic and Safety Aspects. European Parliamentary Hearing, Straßbourg 1980

20 BMBW 1972, a.a.O.

21 GFK 1975, a.a.O.

22 BMFT 1981, a.a.O.

23 Vgl. z. B. Sweet, C.: Logistical and Economic Obstacles to a Fast Reactor Programme. In: Energy Policy, March 1982, S. 15–26

24 Finon, D., a.a.O.

25 Vgl. z.B. Baumier, Charles, Labrousse: Les tendences à long terme des surgénérateurs. Revue Nucléaire, 6/1979

26 BMFT 1977, a.a.O. S. 41

27 Revue l'Energie, Februar 1980, S. 75

28 Zaleski, P.: Breeder Reactors in France. Science, Vol. 208, April 1980

29 Ebd.

30 Atomwirtschaft, Düsseldorf, Heft 5/1983, S. 244

Literatur

BAUMIER, CHARLES, LABROUSSE: Les tendences à long terme des surgénérateurs. Revue Générale Nucléaire, 6/1979

BMBW (Bundesministerium für Bildung und Wissenschaft): 4. Atomprogramm der Bundesrepublik Deutschland für die Jahre 1973–1976. Bonn 1972

BMFT (Bundesministerium für Forschung und Technologie): Programm Energieforschung und Energietechnologien. Bonn 1977

DASS.: Statusseminar Mehrfachrezyklierung von Plutonium und Uran in thermischen Reaktoren. Bonn, 14. 10. 1981

DASS.: Zweites Programm Energieforschung und Energietechnologien. Bonn 1982

DASS.: Bericht des Bundesministers für Forschung und Technologie über die Entwicklung des Natriumgekühlten Schnellbrutreaktors. Bonn, 1. 7. 1977

BÖHM, H.: Vergleich von Entsorgungswegen – Technisch-wissenschaftliche Grundlagen für politische Entscheidungen. In: Entsorgung von Kernkraftwerken. Forschungsbericht der Konrad-Adenauer-Stiftung. Bonn 1983, S. 97–104

BOYD, B.: Uranium Resources, Production and Demand. Nuclear Engineering International, November 1979

EITZ, A.: The Economic Interest of Fast Breeder Reactors. In: Fast Breeder Reactors. Economic and Safety Aspects. European Parliamentary Hearing. Straßbourg 1980

DEFFEYES, K. S.: MAC GREGOR, I. D.: World Uranium Resources. In: Scientific American, January 1980, S. 66 ff

DEUTSCHER BUNDESTAG: Die Entsorgung der Kernkraftwerke und anderer kerntechnischer Einrichtungen. Bericht der Bundesregierung an den Deutschen Bundestag. Drucksache 10/327, August 1983

FINON, D.: Fast Breeder Reactors. In: Energy Policy, Dec. 1982, S. 306 ff

FRANKE, J.: VIEFHUES, D.: Das Ende des billigen Atomstroms. Köln 1983

GENESTOUT, M; LENOIR, Y.: Quelques vérités (pas toujours bonnes à dire) sur les surgénérateurs. Sciences et Vie, 781, 1982

GFK (Kernforschungszentrum Karlsruhe): Überlegungen zur Einführung schneller Brutreaktoren im DeBeNeLux-Bereich. KfK-Ext. 25/75–1. Karlsruhe 1975

GRIES, W.: Die nukleare Entsorgung in Schweden. In: Atomwirtschaft, Düsseldorf, 5/1983, S. 273–275

HÄFELE, W.: Langfristige Strategien zur Welt-Energieversorgung. In: Atomwirtschaft, Düsseldorf, 8/1980, S. 416 ff

DERS. U. A.: Kernbrennstoffbedarf und Kosten verschiedener Reaktortypen in Deutschland. KfK-Bericht 366, September 1965

HANSEN, U.: Kernenergie und Wirtschaftlichkeit. Köln 1983

HIPPEL, F. VON: Uranium, Electricity and Economics. Invited Testimony before the Subcommittee on Energy Conservation and Power. October 5, 1981

INFCE: International Fuel Cycle Evaluation. Wien, IAEA, 1980

JAEK, W.: Langfristperspektiven des weltweiten Kernenergieeinsatzes. In: Atomwirtschaft, Düsseldorf, 16/1981, S. 551 ff

KARLSSON, F.: Endlagerung ohne Wiederaufarbeitung: In: BANCK, BERG u.a.: Entsorgung von Kernkraftwerken. Köln 1981, S. 128–138

LAMMERS, L.: Le choix fera le destin. Energies, 23. 4. 1982

MICHAELIS, H.: Kernenergie. München 1977

MANDEL, H.: Die energiepolitische Bedeutung der Entsorgung. Vortrag auf dem Symposium «Entsorgung in der Kerntechnik» des Deutschen Atomforums. Mainz, Januar 1976

MARTH, W.: Zur Geschichte des Projektes Schneller Brüter. Kernforschungszentrum Karlsruhe, KfK-3111, Juli 1981

DERS.: Stand und Perspektive der deutschen Brüterentwicklung. In: Atomwirtschaft, Düsseldorf, Heft 11/1982, S. 566 ff

DERS.: Der Uranmarkt und seine Bedeutung für den Schnellen Brüter. In: KfK-Nachrichten, Karlsruhe, (14) 1982, S. 99–108

NEWMAN, GOLDSMITH, FLEISCHMANN: Assesment of nonbackfittable Concepts for Improving Uranium Utilization in LWR's. ANS-Conference, June 10, 1981

OECD/NEA: Nuclear Energy and its Fuel Cycle. Prospects to 2025. Paris 1982

OECD/NEA-IAEO: Uranium Resources, Production and Demand. Paris 1975, 1982, 1984

OESER, H. R.: Wiederaufarbeitungsanlagen in der Bundesrepublik Deutschland. In: BANCK, BERG u.a.: Entsorgung von Kernkraftwerken. Köln 1981, S. 85–97

PRICE, T.: Uranium and the Fast Reactor. BNES-Conference, London, 9.–12. 11. 1981

PROGNOS: Die Entwicklung des Energieverbrauchs in der Bundesrepublik Deutschland und seine Deckung bis zum Jahr 2000. Kurzfassung. Basel 1984

RADKAU, J.: Aufstieg und Krise der deutschen Atomwirtschaft 1945–1975. Reinbek 1983

RAPIN, M.: Fast Breeder Fuel Cycle, Worldwide and French Prospects. BNES-Conference, London, 9.–12. 11. 1981

RITTSTIEG, G.: Die Kostenentwicklung und Preisbildung der Stromversorgung in den achtziger Jahren. In: Elektrizitätswirtschaft, Frankfurt, Bd. 80/1981, S. 581–583

SCHEUTEN, G. H.: Zwischenlagerung und Wiederaufarbeitung bestrahlter Brennelemente. In: Atomwirtschaft, Düsseldorf, Heft 2/1984, S. 70–74

SCHMITT, D. u. a.: Parameterstudie zur Ermittlung der Kosten der Stromerzeugung aus Steinkohle und Kernenergie. München 1978

DERS.; JUNK, H.: Kostenvergleich der Stromerzeugung auf der Basis von Kernenergie und Steinkohle. In: Zeitschrift für Energiewirtschaft, Wiesbaden, Heft 2/1982, S. 77–86

SCHWOCHAU, ASTHEIMER, SCHEU, WITTE: Probleme und Ergebnisse der Urangewinnung aus Meerwasser. In: Chemikerzeitung, Heidelberg, Bd. 107, Heft 6/1983, S. 117–189

STOLL, W.: Bericht über die Arbeiten zur thermischen Rückführung von Plutonium in Leichtwasserreaktoren. In: BMFT: Statusseminar Mehrfachrezyklierung von Plutonium und Uran in thermischen Reaktoren. Bonn, 14. 10. 1984, S. 49–66.

DERS.: Argumente zur Schließung des Brennstoffkreislaufs durch Wiederaufarbeitung. In: Atomwirtschaft, Düsseldorf, Heft 2/1983, S. 75–80

SWEET, C.: Logistical und Economic Obstacles to a Fast Reactor Programme. In: Energy Policy, March 1982, S. 15–26

SYNDICAT CFDT: Le dossier nucléaire. Paris 1980

TRAUBE, K.: Müssen wir umschalten? Von den politischen Grenzen der Technik. Reinbek 1978

DERS.: ULLRICH, O.: Billiger Atomstrom? Wie die Interessen der Elektrizitätswirtschaft die Energiepolitik bestimmen. Reinbek 1982

DERS.: Zur Sicherung der Steinkohleverstromung durch Fernwärmeausbau. In: Der Minister für Wirtschaft des Landes NRW (Hg): Stromerzeugung im Kostenvergleich von Steinkohlen- und Kernkraftwerken. Düsseldorf 1984

U.S.AEC: Proposed Final Environmental Statement on the Liquid Metal Fast Breeder Reactor Program. Dezember 1974, S. 112 ff

U.S.DOE (Department of Energy): Energy Information Administration: 1980 Annual Report to Congress. Vol. 3: Forecasts

ZALESKI, P.: Breeder Reactors in France. In: Science, Vol. 208, April 1980

Abschied von der Wachstumsgesellschaft

„Im Endeffekt verweigert das Wirtschaftswachstum die Befriedigung der einfachsten Bedürfnisse oder erlaubt ihre Erfüllung nur noch über den Weg aufwendiger Konsumhandlungen: das Bedürfnis nach frischer Luft, nach Baden im nahegelegenen Fluß, nach Genuß des köstlich schmeckenden Apfels, nach Kommunikation, nach sinnerfüllter Arbeit. Dieser den Menschen auferzwungene Verzicht ist in das Wirtschaftswachstum selbst eingebaut."

Klaus Traube

4532

4947

5444

4117

4725

4731

4849

5023

5035

5341

Herausgegeben von Freimut Duve

C 2040/3